中国房地产发展的经济和社会影响研究

Zhongguo Fangdichan Fazhan de
Jingji he Shehui Yingxiang Yanjiu

国家自然科学基金委员会青年科学基金项目（项目批准号：71103046）资助

Zhongguo Fangdichan Fazhan de
Jingji he Shehui Yingxiang Yanjiu

中国房地产发展的经济和社会影响研究

原鹏飞 等 著

经济科学出版社
Economic Science Press

图书在版编目（CIP）数据

中国房地产发展的经济和社会影响研究／原鹏飞等著.
—北京：经济科学出版社，2015.11

ISBN 978 - 7 - 5141 - 6245 - 5

Ⅰ.①中…　Ⅱ.①原…　Ⅲ.①房地产业 - 经济发展 -
研究 - 中国　Ⅳ.①F299.233

中国版本图书馆 CIP 数据核字（2015）第 268497 号

责任编辑：周国强
责任校对：王苗苗
责任印制：邱　天

中国房地产发展的经济和社会影响研究

原鹏飞　等著

经济科学出版社出版、发行　新华书店经销

社址：北京市海淀区阜成路甲 28 号　邮编：100142

总编部电话：010 - 88191217　发行部电话：010 - 88191522

网址：www.esp.com.cn

电子邮件：esp@esp.com.cn

天猫网店：经济科学出版社旗舰店

网址：http://jjkxcbs.tmall.com

固安华明印业有限公司印装

710×1000　16 开　11.25 印张　200000 字

2015 年 11 月第 1 版　2015 年 11 月第 1 次印刷

ISBN 978 - 7 - 5141 - 6245 - 5　定价：39.00 元

（图书出现印装问题，本社负责调换。电话：**010 - 88191502**）

（版权所有　侵权必究　举报电话：**010 - 88191586**

电子邮箱：**dbts@esp.com.cn**）

前　言

对于我国房地产业的发展而言，20世纪末的城镇居民住房分配体制改革可以说是一件具有里程碑意义的事件，正是这一重大改革的推动，再加上城镇化快速推进带来的巨大住宅需求、长期宽松的货币政策、地方政府的积极推动等有利因素的作用，我国房地产大发展的序幕得以揭开，在很短的时间内迅速成为我国国民经济中名副其实的支柱产业、带动经济增长的"生力军"。

房地产业的崛起给我国城镇居民的居住条件带来了翻天覆地的变化，也带动了生产资料生产、消费资料生产以及新兴服务等一大批行业的发展。但近年来房地产的持续繁荣、尤其是非理性繁荣也带来了一系列严重的经济和社会问题，包括经济增长方式的粗放问题、产业结构的扭曲问题、金融稳定与金融安全问题、中低收入城镇居民住房难问题、收入与财富差距扩大的问题，以及更深层次的与房地产高增长关系密切的国民经济增长的动力、结构和可持续发展问题，等等。上述问题对近年来我国经济社会的发展产生了深入持久的影响，也为未来的健康可持续发展埋下诸多隐患。在当前全球经济不景气、我国经济下行压力较大的背景下，如何采取措施切实有效地化解房地产投资大幅下滑、房价下行甚至崩盘的风险，并逐步理顺房地产与经济社会发展之间的相互关系，不但影响着当前我国各种稳增长措施的效果，而且也必将在很大程度上影响着未来我国经济发展的战略转型进程。

房地产调控与管理水平首先取决于对房地产与经济社会发展之间相互关系的认识水平，因此，对房地产发展的经济和社会影响进行全面、系统和深入的评估，对国家优化对房地产业的发展管理有着非常重要的参考价值。在上述背景下，本书以近年来房地产持续繁荣对我国社会和经济发展所带来的影响为核心研究目标，从经济和社会，宏观、产业及微观等多个角度和多个层次，围绕近年来我国房地产持续繁荣过程中两个最为突出的问题展开研究：一是在微观层面，房地产的快速繁荣使得我国城镇家庭的住房财产数量和分配出现了什么样的变化，其背后的主要驱动因素是什么；二是近年来房地产的持续快速发展给我国宏观经济、产业发展、居民收入等带来了怎样的影响（对这一问题，我们将以研究房价波动的影响为观察窗口），由此对房地产经济波动的影响进行系统深入的研究，为国家优化房地产发展的政策和措施提供参考依据。

在内容安排方面，除正文最前面的"导论"和最后的"结论及展望"外，对应于本书的两个主要研究目标，本书将分上篇和下篇两个大的部分展开研究，上篇为"我国房地产快速发展过程中的城镇家庭住房财产不平等问题研究"，下篇为"房地产经济波动的经济增长与收入分配和贫富分化效应研究"，具体各章节的主要内容如下：

上篇：我国房地产快速发展过程中的城镇家庭住房财产不平等问题研究。

上篇主要从微观家庭的角度，对近年来我国城镇家庭住房财富分配的不平等状况及其影响因素进行实证考察和分析，具体分四个章节展开论述：

第一章对房地产业的特殊属性和房地产波动对经济社会发展的影响机理进行探讨，并对我国城镇居民住房分配体制改革的历程进行简要回顾；

第二章为国内外财富不平等问题研究的文献综述，主要从对财富不平等状况的考察、对财富不平等动态演化特征的研究，以及对财富不平等问题的经验研究三个方面，对国内外已有的相关研究成果进行评述；

第三章中，我们将基于有关家庭微观调查数据，采用基尼系数等不平等度量指标，对我国城镇家庭住房财产的不平等状况进行考察，在此基础上，运用贡献率分解方法对住房财产不平等的影响因素进行研究；

作为第三章内容的补充和进一步深入，第四章中，我们将运用计量经济学的分析方法，通过对住房财产函数估算模型进行拓展并建立面板门限模型，对我国城镇家庭住房财富持有问题进行更为深入的研究。

下篇：房地产经济波动的经济增长与收入分配和贫富分化效应研究。

下篇中，我们将从更为一般的视角出发，引入目前较为流行的可计算一般均衡模型，通过建立房地产与宏观经济、产业、政府、企业、家庭以及国外等部门之间的联系，以考察房价这一核心变量变动的影响入手，从动态角度全面系统地考察房地产经济波动的经济和社会影响，具体分四个章节展开论述：

第五章从房地产与金融、房地产与宏观经济、房地产波动对产业层面的影响、房地产波动对居民部门的影响等几个方面，对国内外关于房地产波动影响的已有相关文献进行梳理和总结；

第六章是包含存量住房的中国社会核算矩阵（SAM）的编制，针对标准SAM不能反映存量住房资产的问题，为更加科学和全面地反映房地产波动的经济和社会影响，本部分对标准的SAM进行了改进，即在标准SAM中增加了反映存量住房的相关账户，另外，本章中我们也提出了一种新的更合理的SAM平衡方法，即有约束的最小交叉熵法；

第七章中，我们首先对一般均衡理论和CGE模型进行了简要介绍，阐述了CGE模型相对于计量分析和投入产出等方法所具有的优势，在此基础上，基于第六章编制的包含存量住房的SAM，我们构建了纳入存量住房影响机制的动态CGE模型；

第八章在第六章和第七章的基础上，运用动态CGE模型，通过设定不同的房价涨幅，运用定量模拟的方法，就房价变动对宏观经济、产业以及收入和财富分配的影响进行了系统深入的考察和研究，并基于定量模拟的结果对房价上涨和下跌影响的对称性和理想的房价变动模式等问题进行了探讨。

在本书的写作过程中，本人所在单位及其他单位的一些同志也参与了相关资料的整理和部分内容的写作，包括国家统计局统计科学研究所冯蕾副研究员，国家统计局国际统计信息中心王磊统计师，国家统计局统计科学研究所周晶副研究员，以及安徽农业大学经济管理学院操君副教授等，全书整体框架的设计及"导论"和"结论及展望"部分由本人和冯蕾副研究员共同完成。

本书的顺利完成离不开本人所在单位领导的大力支持和各位同事的热心帮助；同时，我们的研究也得到诸多专家的不吝指教和建议，他们的宝贵意见和建议让我们受益匪浅，在此一并致以衷心的感谢！

当然，由于本人的能力和水平有限，书中难免存在一些遗漏和失误，恳请广大同行专家批评指正。

原鹏飞

2015 年 9 月

目　录

导　　论

第一节　背景与意义

作为我国经济体制改革的重要组成部分，始于 20 世纪末的住房改革拉开了我国房地产发展的序幕，近年来前所未有的城镇化速度和规模带来了巨大的住宅需求，再加上长期宽松的货币政策、地方政府的积极推动等有利因素，房地产迅速发展成为国民经济中名副其实的支柱产业。在住房改革前后之交的 1998 年，我国全国房屋施工面积仅有 24.6 亿平方米，房地产开发投资也仅有 3614 亿元，之后则进入持续快速增长的通道，2012 年全国房屋施工面积和房地产投资分别增加至 116.7 亿平方米和 71804 亿元，分别是 1996 年的 4.7 倍和 19.8 倍，与此相应，房地产开发投资占全社会投资的比重也逐年升高，从 1996 年的 12.7% 提高至 2012 年的 19.2%①。

由于房地产业所具有的产业链长、影响面广等特征，房地产的快速发展不但影响着产业链上游的钢铁、水泥、机械装备等诸多生产资料生产行业，而且与下游的家电、家具，装饰装潢等消费行业也存在密切关联，进一步地，房地产业的快速发展也催生了物业管理、房地产评估和中介服务等新兴服务业。近年来房地产业对我国 GDP 增长的贡献率一直在 10% 左右，每年拉动

---

① 来自《中国统计年鉴》，或由其中的数据整理计算得到。

GDP 增长 1.5~2 个百分点（中国指数研究院，2012），在推动中国近年来经济高速增长的过程中功不可没。与此同时，我国城镇居民的居住条件也发生了翻天覆地的变化，1978 年城镇居民人均住房面积仅有 6.7 平方米，而 2008 年则提高至 28.3 平方米，增长了 3 倍还多，住房质量、住房成套率、配套设施与环境也大为改观[①]。

但在房地产繁荣的背后，持续飙涨的房价所带来的一系列问题对我国经济社会的发展产生了深入持久的影响，为未来的健康可持续发展埋下诸多隐患。1998~2010 年，我国商品房价格累计上涨 144%，年均涨幅高达 7.7%，2004~2010 年年均涨幅更高达 10.4%[②]。在我国当前城镇居民住房分配以市场分配手段为主的体制下，较高的住房价格无疑会对房地产业的发展提供较大的动力，而且在此刺激下房地产业的高速增长还会带动整个国民经济的快速发展，但持续飙涨的房价所带来的中低收入家庭住房难问题、住房供应结构畸形导致的住房供求矛盾、金融稳定及金融安全问题，以及更深层次的与房地产业高增长关系密切的国民经济增长的动力、结构及可持续发展问题，等等，这些问题的重要性和紧迫性早已远远超出房地产业自身如何保持继续增长的重要性。

第一，房地产过度繁荣显著加大了宏观经济的波动风险。房地产业与金融业之间的紧密相关使得房价波动的风险高度集中于银行体系，房价波动将直接影响到我国的金融稳定甚至金融安全，再加上房地产投资在总投资中的比重较高、房地产业与其他行业之间的高度关联性等因素，房地产价格的大幅波动导致的房地产业大起大落必然会导致国民经济剧烈震荡。

第二，房地产过度膨胀扭曲了我国的产业结构，对产业升级带来了显著的阻滞效应。近年来，房地产投资的高额回报吸引大量资金和其他资源涌入房地产业，1998~2012 年，我国房地产开发投资年均增速达到 25.9%，而全社会固定资产投资的年均增速仅有 21.9%。在此背景下，高速增长的房地产业在显著拉动钢材、水泥等生产资料生产行业快速增长的同时，却对消费品生产行业及服务业等的发展产生了显著的"挤占效应"，不但扭曲了产业结

---

① 官方称中国人均住房建筑面积已达 30 平方米 [EB/OL]. http://www.chinanews.com/estate/2010/12－29/2755873.shtml，2010－12－29

② 由《中国统计年鉴》的相关数据整理计算得到。

构，更重要的是对我国产业结构的升级带来了明显的阻滞效应。

第三，从消费视角看，高房价抑制了居民消费支出，与我国扩大消费的长期目标相左。住房作为最基本的生活资料，由于其在家庭支出中的较大比例，住房价格的变动对居民福利影响显著。我国近年来住房价格的过快上涨直接导致居民购房负担加重，这不但抑制了居民其他方面的消费，而且其未来的购买力也被充分透支，尤其是在北京、上海、深圳等房价上涨幅度最快的一些大中城市，中低收入阶层居民收入的增长赶不上房价的上涨，住房支付能力不断下降，许多人被排斥在住房市场之外。这不但与构建"住有所居"的和谐社会的目标形成极大反差，而且大大削弱了我国刺激内需政策的效果，成为扩大消费的重要障碍，直接影响着中国经济持续增长的后劲。近年来，全社会居民消费额在我国 GDP 中的比重持续下降，其中 1998 年为46.5%，到 2012 年下降到 36.7%，这与住房价格大幅上涨引起的居民购买力下降直接相关。

第四，房价变动还直接和间接地影响着全社会的收入与财富分配。目前房价大幅上涨，特别是一些大中城市住房价格上涨过快，意味着财富以货币和固定资产的形式向经济发达、居住环境较好的地区集聚，向地方政府、投机购房者和少数高收入者以及房地产商手中集聚，而与此同时，大部分居民和经营者的收入和财富则变相缩水，这在一定程度上加大了我国的贫富差距。在房地产快速膨胀的过程中，土地和各种相关税费也相应地逐渐成为地方政府揽财的重要工具，2012 年，土地出让金在地方财政收入中的比重已超过六成，营业税、城市维护建设税等房地产税收占比也达到 20% 左右，由此成为近年来我国全社会收入不断向政府倾斜分配格局形成的重要原因之一。更严峻的问题是，在初次分配和再分配之余，高涨的房价造就了迅速拉开贫富差距的第三次财富分配。房产急剧升值和租金快速上涨产生的财富效应和财产性收入远远超出普通居民工资收入的积累，不但加大了多套住房家庭、单一住房家庭与无房家庭之间的贫富差距，还会将这种差距通过代际转移等途径继续传递下去，形成贫者越贫，富者越富的"马太效应"，任其发展将严重影响社会的和谐稳定。

最后，房价的不合理上涨还在一定程度上削弱着国家的国际竞争力。不同于发达国家的城镇化过程目前已基本完成、居民基本住房问题普遍已经解决的情形，我国城镇化的步伐才刚刚开始，而且正在加速进行，城镇人口的大量增加使得住房需求不断增加。因此，相对于发达国家居民对住房需求中投资需求比例较大的情形，在当前以及未来的很长一段时期内，我国居民对住房的需求更多的仍然是实际需求。从这一点来看，住房价格脱离基本面的持续快速上涨对社会和经济的危害更大。目前全国大中城市住房价格的持续快速上涨使居民住房消费能力与高房价严重脱节，中低收入居民住房困难成为房地产市场"繁荣"背后最大的问题。2006 年新华社的一篇文章指出①，近年来我国房地产价格的持续暴涨使得社会财富凝聚在不动产上，这在一定程度上削弱了中国在国际上的竞争力。总部设在瑞士日内瓦的世界经济论坛公布的《2006～2007 年全球竞争力报告》显示，中国竞争力落后印度 11 位，排名第 54 位，相比前一年下跌 6 位。该文章指出，印度的竞争力来自于软件开发、教育投入以及基础研究开发投入等方面，比中国相对要多。相比而言，中国的储蓄资源主要被引导到了房地产投资上，而教育变成了另类淘汰的产业，这或许是为什么同样都是人口众多的国家，中国具有竞争优势的产业只是劳动密集型产业，而印度是智力密集型产业的一个非常重要的原因。

近年来与高房价相伴随的一系列问题一直是政府和社会各界高度关注的焦点。为抑制更加严重房地产泡沫的产生，从 2005 年开始，我国政府进入对房地产业的密集调控期，针对房地产业的调控政策和措施频频出台，调控的力度越来越大，范围也越来越宽。从调控政策的取向来看，调控目标从 2005年、2006 年的"稳定房价"逐步转变为 2009 年以来的"遏制房价过快上涨"，而调控的内容和手段也从 2005 年的单纯关注房价问题逐步转变为 2009年以来的从多个领域、运用多种措施对"失去理性"的房价进行综合调控，其中尤以 2010 年的"国十条"（《国务院关于坚决遏制部分城市房价过快上涨的通知》）最具代表性。"国十条"从住房供应结构、土地供应、房地产信贷、税收、房地产市场信息披露、对地方政府的考核等多个角度对房地产业打出了"组合拳"，此后，财政部、住房城乡建设部、人民银行以及各省市政府也应声而上，相继出台了与各自管辖领域及与各省市相关的房地产业调控政策，由此，我国房地产业迎来了房地产市场建立以来最为严厉的调控政

---

① 房地产畸形暴利威胁社会和谐 [EB/OL]. http://news.xinhuanet.com/house/2006 – 10/13/content_ 5198955. htm, 2006 – 10 – 15

策，但即便如此，除极少数地区外，全国大范围内的房价依然一路向上。纵观这一期间的房地产调控政策，其变化是我国政府对住房价格"越调越高"的强烈响应，反映了其对调控住房价格的坚定决心；同时，也从另一个侧面反映了中国房地产泡沫的严重程度和中国房地产市场发展的扭曲程度。

　　受 2008 年爆发于美国的金融危机以及此后全球经济衰退的影响，我国的经济增长明显减速，房地产市场也相应地逐步进入调整期。2011 年至今，我国房地产投资增速明显下降，与出口、消费的下降共同成为我国经济增长放缓的主因。更为令人担忧的是，多年超高速增长之后，全国大范围出现的住宅供给过剩可能在短期内无法消除，一些过剩尤其严重的城市甚至被称为"鬼城"，房价下行压力骤然显现。形势的急转也催生了国家房地产调控政策的转向，从过去紧缩政策的不断放松，到各地限购的逐步放开，以及房地产信贷支持政策的不断加码。在当前我国经济下行压力仍然较大的背景下，如何切实有效地化解房价继续下行甚至崩盘的风险，在很大程度上影响着稳增长措施的效果。

　　目前我国正处于经济社会发展的重大转型期，城镇化仍在加快推进，相对于发达国家，我国尤其需要一个健康和可持续发展的房地产业。深入探讨高房价危害的形成机制已经迫在眉睫（陈彦斌等，2011）。在上述背景下，一方面，对近年来房地产市场发展过程中我国城镇家庭住房的改善情况，居民住房财富的分配状况，以及城镇家庭住房持有多寡的影响因素等进行考察，不但可以检验我国房地产发展的成就，更重要的是去发现房地产市场发展和城镇家庭住房财富积累过程中存在的问题。另一方面，由于房地产业与整个经济社会系统之间复杂的相互联系，对房地产业的调控是一项极具挑战性的系统工程，房地产波动成为我国经济波动的重要原因已是不争的事实，因此，对房地产业与其他产业及整个国民经济之间的关联关系进行定量研究，对优化房地产业宏观调控、促进房地产业与国民经济的健康、协调发展具有重要的理论及现实意义。最后，住房价格对居民福利影响显著，城镇居民住房问题的解决更是事关社会主义和谐社会的构建，在目前我国住房价格高企、广大中低收入家庭住房普遍困难的情况下，如何衡量住房价格波动对居民福利的影响无疑是又一个非常重要的研究课题。

第二节 主要研究内容

本书将以近年来房地产持续繁荣对我国社会和经济发展所带来的影响为核心研究目标，在对国内外房地产相关文献评述、对房地产业的行业特殊属性总结以及我国房地产体制改革的历程进行回顾的基础上，从经济和社会，宏观、产业及微观等多个角度和多个层次，围绕近年来我国房地产持续繁荣过程中两个最为突出的问题展开研究：

一是对近年来我国房地产快速发展过程中，城镇居民住房财产的分配不平等及影响因素研究。我们将基于相关微观家庭调查数据，对我国城镇居民住房财产分配的不平等状况进行考察，并从家庭住房财产积累的主要影响因素出发，运用贡献率分解和计量经济学等方法，对我国城镇家庭住房财富分配的特征及原因进行研究。

二是房地产经济波动的经济增长与收入分配和贫富分化效应研究。对此，我们将以房价波动的影响为观察窗口，构建动态可计算一般均衡模型（DCGE），从宏观、产业以及微观三个层面，对房地产价格变动的经济和社会影响进行系统考察。另外，鉴于住房在城镇家庭财富中的重要地位及其对收入和贫富差距的显著影响，我们将存量住房因素纳入 DCGE 模型，并考虑与存量住房相关的财产性收入（包括住房出租收益和住房因价格变动的资产溢价）的产生和分配机制，由此考察房价变动对城镇家庭更广义收入和财富分配的影响。

第三节 研究方法

本书中，我们将采用规范分析与实证分析相结合的方法，对近年来我国房地产发展的经济和社会影响进行研究。

第一，运用理论分析、文献分析等方法，对房地产业区别于其他一般性行业的特殊属性进行归纳，对我国近年来房地产发展的历程进行回顾，对国内外学者对住房财产分配及房地产经济波动影响等问题研究所取得的成就和存在的不足进行总结。

第二，运用统计分析法，基于相关家庭微观调查数据，通过计算城镇家庭住房不平等系数，考察我国城镇家庭住房分配的不平等情况。

第三，运用贡献率分解和计量经济学方法，从地区，家庭成员的收入、受教育程度、政治面貌、职业等多个角度，对城镇家庭住房财富不平等的原因进行考察。

第四，通过估算城镇家庭住房财富存量，编制包含存量住房的社会核算矩阵，并构建反映存量住房影响机制的动态 CGE 模型，从动态视角对房地产价格变动对我国经济增长、产业带动，以及收入和财富分配等的影响进行全面系统的定量研究。

第四节　主要贡献

本书的贡献主要在于以下三个方面：

第一，基于家庭微观调查数据对城镇家庭住房分配不平等状况的考察；

第二，运用贡献率分解和计量经济学方法，基于微观家庭的住房财产价值而非面积数据，从家庭而非户主的角度，从地区，家庭成员的收入、受教育程度、政治面貌、职业等多个角度，对城镇家庭住房财富的分配特征及规律的研究；

第三，编制包含存量住房的社会核算矩阵，构建能够反映存量住房影响机制的动态 CGE 模型，从动态视角对房地产价格变动对我国经济增长、产业带动，以及收入和财富分配等影响的系统研究。

中国房地产发展的经济
和社会影响研究

上篇　我国房地产快速发展过程中的城镇
　　　家庭住房财产不平等问题研究

第一章

房地产业的行业属性及我国房地产经济体制改革的历程回顾

　　房地产业是国民经济中一个非常重要而且又十分特殊的行业,其与国民经济各行业尤其是重工业、建筑业、金融保险业等行业之间的紧密联系使得房地产经济运行与宏观经济增长和稳定紧密相关;住房建筑所需土地供给弹性较小的特性、住房建设周期较长的特点使得房地产业运行的特征与其他行业有着巨大的区别;最后,在住房商品化的市场经济条件下,住房支出在居民消费支出中的较大比重又使得住房价格波动对居民福利有着巨大的影响。由此,房地产业所具有的诸多特殊属性足以使得房地产经济波动对国民经济有"牵一发而动全身"的功效。鉴于房地产业自身拥有的众多特殊属性,本章中在对我国房地产经济体制改革及我国房地产业发展的历程进行回顾之前,我们首先对房地产业自身所具备的特殊行业属性进行探讨和梳理,以对房地产业的行业特性有一个比较清晰的认识,这样有利于我们抓住房地产问题的重点,以便更好地开展房地产问题研究。

第一节　房地产业的特殊属性

　　在市场经济条件下,同其他商品一样,住房也是市场交易的一种商品,但住房资产所具有的产业链长、供给缺乏弹性、价值量大、耐用性以及不可移动等诸多特殊属性,房地产业有着诸多与一般行业不同的特征,具体如下:

首先，房地产对经济增长的带动作用较大，但房地产危机的破坏性也强。作为国民经济中的基础性和先导型产业，房地产业与国民经济其他产业之间的高度关联性使得它的发展状况对国民经济整体运行状况影响显著，健康有序发展的房地产业能够带动就业，增加国民收入，推动国民经济快速发展。反之，如果房地产业脱离良性发展轨道，则其自身的波动会对国民经济发展带来巨大的冲击，造成巨大的破坏，对此，国内外因房地产危机而引发金融和经济危机的例子数不胜数。

其次，房地产与金融稳定紧密相关。住房资产价值量大的特性使得住房商品的供给与需求都高度依赖于金融业的信贷支持，而由于有保值增值性较好的住房资产作抵押，银行房地产贷款的安全性和收益性一般要高于其他贷款，因此银行自身对房地产贷款也有着特殊的偏好，这就是为什么在房地产实现市场化的国家，房地产业无一例外地与金融业紧紧联系在一起的主要原因。另外，住房资产不容易变相的特性也加大了其对银行贷款的依赖程度，而在投机因素的推动作用下，金融业对房地产业的过度支持极易滋生房地产泡沫。当泡沫膨胀到一定程度，泡沫的崩溃不但会导致整个金融业的动荡，而且会引起整个经济的衰退。相对于股票市场等的投机泡沫，房地产市场的泡沫对宏观经济的危害性更大，股票市场泡沫的崩溃套住的是机构和个人投资者，对银行的影响不大，而房地产市场泡沫的崩溃套住的不仅仅是房地产开发商和房地产投资者，银行却可能是最大的亏损方。仅就这一点来说，房地产经济的波动对整个宏观经济有着牵一发而动全身的功效，这也是为什么人们会谈"房地产泡沫"色变的最主要的原因所在。

第三，房地产市场极容易滋生投机。从消费和投资属性看，与一般的汽车、家电等家庭资产属于纯粹的消费品不同，作为土地资产与房产的耦合体，房地产既是生活必需的消费资料，同时，住房资产因其耐用性而具有的较好保值增值功能也使得其成为极其重要的投资品，但由于住房缺乏弹性的短期供给和居民对住房的刚性需求之间的矛盾，再加上我国金融市场发展滞后、居民投资渠道单一等因素的影响，在房地产市场极容易产生房地产投机而出现房地产泡沫。

第四，房价波动对居民福利影响显著。一方面，从房地产资产在居民家庭财富中重要性的角度看，房地产资产所具有的价值量大、在当前我国居民家庭财富中占比最大、在居民家庭中分配极不平等等特征，决定了其价格波动不但对居民福利的影响在所有居民消费的商品中位居首位，而且对家庭收入和贫富差距都有直接显著的影响，这是存款、股票等金融资产，家电、汽车等家庭一般性资产都不具有的特征；另一方面，从行业产出的角度看，房地产资产作为房地产业的产出，其价格波动必然引致房地产行业的波动，作为国民经济中典型的产业链长、对经济增长拉动作用大的行业类型，房地产价格上涨带动下的经济增长也会带动居民收入的增加，在特定的收入分配的结构或模式下，增加的收入也具有一定的收入分配效应。虽然其他资产或服务价格的上涨也有类似的效应，比如钢铁、能源、汽车、电子产品等，与上述资产或服务相关行业产出的增长也有较强的经济增长效应和居民收入分配效应，但对全社会贫富差距的影响却远远不能与房地产价格波动相提并论。

最后，房地产市场的区域特性极大增加了对房地产业的调控与管理难度。住房资产的不可移动性决定了房地产市场必然是区域性的市场，而与房地产业高度关联的金融市场却是典型的全国性市场，这一现实使得国家对房地产业的调控与管理的难度更大。相对于劳动力、建筑材料等一般性生产资料，土地和资金是房地产开发最为关键的两类生产要素，因此，对房地产业最为有效的调控手段和措施都存在于土地市场和金融市场。通过土地市场对房地产业的调控主要是对土地供应量的控制和调节，虽然通过这一途径调控的内容、方式和效果因土地所有制的不同而存在很大差异，但相对于通过金融手段来对房地产市场进行调控来说，通过对土地市场对区域性房地产市场调控的难度要小得多。这是因为，不同于土地市场的调控，通过金融市场对房地产业的调控主要通过对利率和信贷总量的调控来进行，但套利行为的存在与一国范围内几乎不存在限制的区域间资金流动使得几乎不可能对不同区域实行差别利率来对区域房地产市场进行有针对性的调控；对于信贷调控手段，虽然可以通过控制信贷总量来调节流向不同地区的房地产贷款数量，但房地产开发商在全国范围内的投资配置足以抵消银行贷款的区域性差别。由此，由于不存在一国范围内相对独立的区域性金融市场，通过金融市场对区域房地产业进行区别性调控的难度非常大，这也成为对房地产业调控与管理难度相对于一般性行业更大的重要原因之一。

以上我们对房地产业相对于一般性行业的特殊属性进行了分析。由上述分析不难看到，房地产业自身所具有的诸多特殊属性赋予了其在国民经济中的特殊地位，同时，也正是上述诸多属性使得房地产经济波动对经济社会发展的影响更加广泛和深远。

第二节　房地产波动的经济和社会影响机理研究

房地产经济波动对经济社会发展的影响广泛而深入，对其影响机制进行全面和深入的分析，有利于我们更加清晰地了解房地产与经济社会发展之间的相互关系，更好地开展后续的研究。房价是房地产行业运行状况最为核心的指示器，本节中将从房价变动的视角入手，分析房地产波动与经济社会发展之间的相互影响机制。

由于房地产业在整个国民经济中所处的特殊重要的地位，其价格波动通常会对宏观经济的方方面面以及居民福利都有着极为显著的影响。本研究中，我们将房地产价格波动的影响归结为两个大的方面：一是经济影响，表现在GDP增长、产业结构变动、进出口增长、居民收入及财富增长等方面；二是社会影响，在本研究中，这种影响主要指房地产价格波动对城镇家庭收入和财富分配不平等的影响。房地产资产作为居民家庭最为重要且分配很不均衡的资产类型，其价格波动意味着住房财富和其他相关利益在不同类型家庭中的转移，由此导致全社会收入和财富不平等的显著变化。

在一般经济均衡的理论框架下，从多个角度，综合运用经济增长、产业经济、投入产出，以及收入和财富分配等相关经济理论，我们对房地产价格波动对投资、就业、GDP、进出口、物价指数以及部门收入等主要宏观经济变量的内在影响机制归纳在图1-1中。

需要说明的是，图1-1只是对房地产价格波动主要影响机制的概括，并未涵盖所有的内容。对于房地产价格波动对收入分配和贫富差距的影响，这首先体现在最为直接的资产价值变动。其次，由于住房在家庭财富中的极端重要性和分配的不平等性，与住房相关的财产性收入差距是导致收入差距扩大的另一个重要方面。最后，在收入分配格局既定的情况下，房地产价格波动所引致的经济增长或波动过程中，收入在居民家庭之间的分配仍然将按照

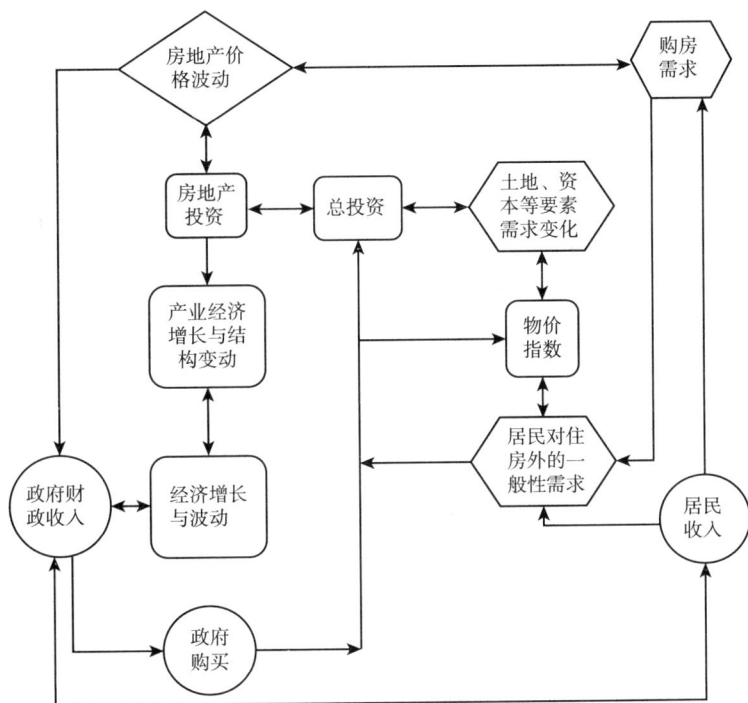

图 1-1 房地产价格波动对经济的内在影响机制

既定的格局进行，这一过程的结果必然是收入差距的进一步扩大。从理论层面而言，如上一节中所述，由于房地产业在国民经济中的极端重要性，上述第三个层面的影响可能更为持久和深入，因此同样值得关注。

第三节 我国房地产经济体制改革的历程回顾

城镇居民住房分配制度改革是我国经济体制改革的重要组成部分，也是改革较为彻底的领域之一，对这一过程进行回顾，考察改革为房地产发展带来的影响，分析改革前后房地产业的差别和主要特点，对加深对我国房地产业发展的认识，更好地规划和调控未来房地产发展具有十分重要意义。

住宅是房地产业中最重要的组成部分，而这里所讲的住宅主要是指城镇居民的住宅，因此房地产经济体制主要是指与城镇居民住房制度相关的社会经济制度，这一制度是国家在解决城镇居民住房问题上实行的基本政策和一系列方式、方法和体系，其主要内容包括城镇居民住房建设的投资方式、供应方式、分配方式、经营方式、社会保障方式、管理方式，以及所有与住房问题相关的方针、政策、目标、方法等。自中华人民共和国成立半个多世纪以来，随着我国社会经济的不断发展，我国城镇居民的住房经济体制也经历了一个不断变化的过程。从总体来看，1978 年的改革开放可以看成是新中国成立后我国新旧城镇居民住房体制的分水岭。

一、改革开放前我国城镇居民的住房分配制度

在新中国成立以后很长的一段时期内，我国城镇居民住房体制一直实行的是"统一管理，统一分配，以租养房"的公有住房政策和住房实物福利分配制度。新中国成立初期，随着人民民主专政政权的建立，政府通过没收将帝国主义、封建主义、官僚资本主义的房产收归国家所有。虽然当时这些房产在全国房屋总数中的比重不足 15%，但却构成了我国公有住宅经济的起点。中共中央、国务院在 1962 年的第一次全国城市工作会议上，正式确定了对公有住宅的"统一管理，统一分配，以租养房"的方针。按照这个方针，公有住宅的建设由国家财政拨款统一规划住宅投资，获得住宅投资资金和项目的单位，独立完成从征地到施工的所有工作；公有住宅的所有权归国家，或代表国家、集体的企事业等单位所有，使用权、占有权由房屋使用者享有，房屋使用人一般按月交纳房租；公有住宅的分配以实物形式按行政等级进行分配，即具有不同的行政级别或职称的个人可按照规定享受某一待遇的公有住宅。

在新中国成立初期，由于我国社会主义经济建设刚刚起步，各种建设及生活物资都比较缺乏，人民工资收入较少，生活水平较低，在这种情况下，作为国家的诸多福利政策之一，"统一管理，统一分配，以租养房"的公有住房政策和实物福利分配制度较好地解决了城镇居民的住房问题，对保证城镇家庭正常的生活生产起到很大的作用。而且在当时的经济条件下，房租收入扣除其他必要的开支之后，不仅能够保证房屋的正常保养、维修，还能在

房屋丧失使用价值后，用收回的折旧费重建同原有房屋一样的房屋，住房的再生产过程由此得以维持。

但随着我国经济的不断发展、工业化和城市化进程的加快和人民生活水平的逐步提高，人们对住宅质量与数量的要求也在不断提高。在新的社会和经济环境下，旧的城镇居民住房福利分配体制和方式的各种弊端逐渐凸显。在低租金的"以租养房"的运作模式下，较低的房租收入不但不能保证房屋的正常保养和维修，而且就是住房简单再生产的维持也出现很大的问题。在这种情况下，人们的居住条件改善缓慢，甚至出现恶化的趋势，新中国成立初期，我国城镇居民的人均居住面积为 4.5 平方米，而到改革开放前夕的 1977 年，这一数字还不足 4 平方米，由此，在一定程度上，旧的住房分配体制已经成为城镇居民住房条件改善的体制性障碍。

概括来讲，建国初期住宅分配体制的弊端主要表现在以下几个方面：

（1）在实物分房和住房低租金的住房分配体制下，公有住宅建造后几乎无偿分配给城市职工，低廉的房租不但使每年的住宅投资资金无法及时回收，有时就是住宅的正常维修费用也不足以支付，以致国家几乎每年都要从财政拨专款对公有住房进行维修和保养，这不但直接加重了国家的财政负担，而且住宅建设和维护的资金也无法实现正常的循环，大量住房失修失养，加速损耗和淘汰非常严重，更为严峻的是，住宅的正常生产也受到很大影响，直接导致住宅普遍短缺的状况。

（2）低租金的实物福利住房体制不但造成城镇干群关系紧张，而且严重影响了住房的简单再生产和扩大再生产，住房供求失衡日益严重。在低租金的实物福利住房分配体制下，公有住宅分配的依据是个人的职务高低、职称、工龄的长短等，而不是个人的实际奉献和工作能力。虽然住房的福利分配制度在一定程度上体现了社会公平，但其最大缺陷在于不能充分体现按劳分配原则。由于深受权力、地位、人际关系等非经济、非效率等因素的影响，住房分配的不正之风使得公有住房的分配具有很强的官本位行政色彩，加上房租补贴也是在住宅分配不合理的基础上实行，即多占房多补贴，进一步加剧了公有住宅分配的不平衡，这种不平衡和不平等直接导致干部与群众的关系紧张。另一方面，在实际操作层面，政府的住宅建设投资资金在城镇各单位之间很难实现均衡分配，这也是公有住宅分配不平衡的重要表现。最后，旧的福利分房体制在体现社会公平方面也存在着严重的问题。按照社会主义按劳取酬的分配原则，人们只要为社会提供劳动，他们就应该在住房及住房之外的其他任何方面，毫无例外、公平地享有按照他们为社会提供劳动成果的数量和质量向社会索取回报的权利。而在旧的福利分房体制下，事实上只有小部分社会成员能够从中获得好处，城镇中小型国有企业职工、县级以下的机关干部中只有少部分人能够享受福利分房待遇，非国有企业职工并不能从福利分房体制中获得好处，而居住在农村的广大农民更是被隔离在外，因此，旧的福利分房体制体现的仅仅是有限的社会公平。

（3）在低租金的实物福利住房分配体制下，居民自己解决住房问题的积极性不高，"等、靠、要"的住房消费观念严重制约着房地产市场的发育。在无偿分房和低租金的住房分配体制下，居民自己解决住房问题的积极性不高，即使是那些有购买能力的城镇居民也不会去主动买房。在这种情形下，对商品性住房的有效需求缺位直接导致房地产业和建筑业发展困难。更为重要的是，在福利性住房分配体制下，居民在住房方面的超低支出带来的是长期不合理的居民消费结构，而这又成为国家产业结构不合理的重要成因。有关资料显示，1987年在我国城镇家庭的全年生活消费支出中，平均房租支出只占到0.87%，而大比例的消费支出主要投向家电等消费品，这一畸形的居民消费结构直接导致我国的产业结构过度向高档家电产业倾斜，20世纪80年代中后期以来更是如此，而住宅建筑业、房地产业因缺乏有效需求，起步和发展相当困难，相对独立的住宅产业更是难以形成，房地产业与建筑业对宏观经济发展的巨大推动作用难以有效发挥。

低租金的实物福利住房分配制度是我国改革开放前高度集中统一的计划经济的产物，在当时的社会经济发展条件下，这一制度较好地解决了新中国成立后城镇居民的住房问题，为新中国成立初期的经济建设作出了一定的贡献，但随着经济社会的不断发展，人们对住房消费的数量和质量要求不断提高，但旧的住房分配制度排斥市场机制对住房的投资、分配、流通和消费的调节作用，不符合按劳分配原则，背离了社会主义市场经济的客观规律，并越来越成为居民改善居住条件、发展建筑业和房地产业的桎梏，严重影响了国民经济发展的速度和质量，不符合广大劳动人民的长远利益。要从根本上解决我国城镇居民的住房问题，必须彻底抛弃旧的住房分配制度，加快住房的商品化和社会化分配体制改革，为快速改善城镇居民的住房条件、促进房地产业发展扫清制度障碍。

二、改革开放后我国城镇居民的住房分配制度

我国城镇居民住房分配制度改革开始于 20 世纪 70 年代末 80 年代初，这一改革的历程大致可分为以下四个阶段[1][2]。

第一阶段：1979～1985 年城镇居民住房制度改革的探索和试点阶段。

1982 年 4 月，国家建委、国家城建总局向国务院提交了《关于出售住宅试点工作座谈会情况的报告》，并得到国务院批准。1980 年 6 月，中共中央、国务院批转了《全国基本建设工作会议汇报提纲》，正式宣布将实行住宅商品化的政策。1982 年，国家选定常州、郑州等四个城市作为住房体制改革的试点，改革的主要内容是对新建住宅试行补贴出售，对原有住宅折价出售，房屋售价以建筑成本价为标准，同时还对职工购房采取了一系列的优惠政策，即个人支付售价的 1/3，其余 2/3 由建设单位和政府补贴支付，这一做法把城市住宅原来的无偿分配改为补贴出售，受到了群众的欢迎，四个试点城市的改革也取得了很大的成绩，试点改革的影响与意义都十分重大。1984 年 10 月，国务院批转了原城乡建设环境保护部《关于扩大城市公有住宅补贴出售试点的报告》，同意将北京、天津、上海三个地作为扩大试点城市，各省、自治区扩大试点的城市由省、自治区人民政府确定，并报城乡建设环境保护部备案。虽然上述试点改革对当时的城镇居民住房分配体制影响很大，但仍然是房改的萌芽阶段，公有住房出售的"三三制"使得单位和政府的补贴量大，一些地方政府往往将自己所应承担的部分补贴转嫁给单位，单位如果不堪重负就会使补贴售房的计划破产。另外，就当时的消费水平而言，补贴售房不如租房实惠。1986 年 3 月，原城乡建设环境保护部发出的《关于城镇公房补贴出售试点问题的通知》明确规定，坚决制止随意贱价出售旧房，城镇公房原则上全价出售，此后，各地基本停止了补贴售房和贱价售房。

---

① 李嫣. 我国城镇居民住房制度：历史变迁及改进对策 [J]. 中州学刊，2007（5）：134 - 136
② 陈良咨，康淑娟. 中国城镇住房制度改革的进程和特点分析 [J]. 中国房地产，1999（9）：28 - 30

第二阶段：1986~1993 年城镇居民住房分配体制改革的全面实施阶段。

我国住房制度改革自 1986 年以后取得了重大突破，由此掀起了第一轮城镇居民住房体制改革的热潮。1986 年 1 月，国务院住房制度改革领导小组成立。随后，在烟台会议上形成了第一次房改的大致思路，即"提高房租、进行补贴"。从 1988 年开始，城镇居民住房制度改革已经正式列入中央和地方的改革计划，分期分批地推向全国，其目标是实现住房商品化，思路是提高房租、增加工资、鼓励职工买房。1988 年 1 月，国务院召开了"第一次全国住房制度改革工作会议"，同年 2 月国务院批准印发了国务院城镇居民住房制度改革领导小组《关于在全国城镇分期分批推行住房制度改革的实施方案》，决定从 1988 年起，用 3~5 年的时间，在全国城镇分批把住房制度改革推开，这标志着中国城镇居民住房制度改革进入了整体方案设计和全面试点阶段。然而，房改层层推进之时却遭遇到了席卷全国的通货膨胀风潮，始于 1988 年的通货膨胀持续了两年之久，国家宏观经济全面调整，银根紧缩、开支节流，刚刚上马的许多房地产住宅项建设目被明令停建，尚未收到任何成效的第一次房改便匆匆以夭折而告终。1991 年 11 月，国务院同意住房制度改革领导小组《关于全面推进城镇住房制度改革的意见》，城镇住房制度改革又一次在全国全面展开。在住房体制改革政策的推动下，我国的房地产业开始起步，尤其是 1992 年邓小平同志南方谈话发表以后，房地产业在有利的政治、经济环境下迅速发展，但同时这一过程中也出现了一些问题，产生了许多"后遗症"，如土地供应总量失控、房价飞速上涨、投资规模和结构不合理、市场行为不规范、收益分配失衡等。

第三阶段：1994~1998 年城镇居民住房体制改革的深入阶段。

1994 年 7 月 18 日，国务院下发了《关于深化城镇住房制度改革的决定》，决定指出，城镇居民住房制度改革的根本目的是建立与社会主义市场经济体制相适应的新的城镇居民住房制度，实现住房商品化、社会化；加快住房建设、改善城镇居民居住条件，满足城镇居民不断增长的住房要求。其基本内容是把住房投资由国家、单位统包的体制改变为国家、单位、个人三者合理负担的体制；把各单位建设、分配、维修、管理住房的体制改变为社会化、专业化的体制；把住房实物分配的方式改变为以按劳分配为主的货币工资分配方式；建立以中低档收入家庭为对象、具有社会保障性质的经济适用住房供应体系和以高收入家庭为对象的商品房供应体系；建立住房公积金制度；发展住房金融和住房保险，建立政策性与商业性并存的住房信贷体系；建立规范化的房地产市场和发展社会化的房屋维修、管理市场，逐步实现住房资金投入产出的良性循环，促进房地产业和相关产业的发展。1995 年 12 月全国房地产经济体制改革经验交流会在上海召开，这标志着我国城镇居民住房体制改革进入了全面推进和综合配套改革的阶段。1996 年 8 月，国务院办公厅转发了国务院房改领导小组《关于加强住房公积金管理的意见》，明确了住房公积金是职工个人的住房基金，规范了住房公积金的管理体制，进一步推动了我国城镇居民住房公积金制度的发展。经过这一阶段的改革，公积金制度得以全面建立，公有住房的出售政策基本完善，经济适用房发展迅速，住房金融体系也逐步形成。

第四阶段：1998 年 7 月起城镇居民实物福利分房的终结阶段。

1998 年 7 月 3 日，国务院下发了《关于进一步深化城镇住房制度改革、加快住房建设的通知》，明确指出从 1998 年下半年开始停止住房实物分配，逐步实行住房分配货币化；新建住房原则上只售不租；全面推行住房公积金制度。1999 年 8 月建设部发布了《关于进一步推进现有公有住房改革的通知》，要求各市、县人民政府认真研究，明确辖区内可出售公有住房和不宜出售公有住房的范围并向社会公布，城镇成套现有住房除按规定不宜出售的以外，均应向符合条件、有购房意愿的现住户出售。自 2000 年以来，国家进一步深化了城镇住房制度改革，加快了住房分配货币化方案的实施。

第四节　本章小结

本章中我们首先对房地产区别于一般性行业的特殊属性进行了归纳和总结，我们认为，由于住房资产所具有的产业链长、供给缺乏弹性、价值量大、耐用性以及不可移动等诸多特殊属性，使得房地产业具有了对经济增长的带动作用大、极容易滋生投机和房地产泡沫、对居民福利影响显著、调控与管理难度大等特征，也正是由于上述特征，房地产经济波动对国民经济和社会发展的影响更为深入和持久，房地产业在国民经济中的地位也比其他行业更为特殊和重要。

　　对于房地产经济波动对经济社会发展的影响机制，本章从房地产价格波动影响的视角入手，在一般经济均衡的理论框架下，从多个角度，综合运用经济增长、产业经济，以及投入产出等相关经济理论，从宏观、产业以及微观三个层面，将房地产价格波动对投资、就业、GDP、进出口、物价指数，以及部门收入等变量的影响在一个示意图中进行了归纳。

　　最后，是对我国城镇居民住房分配体制改革的简要回顾，重点回顾了20世纪末以来我国城镇居民住房分配体制的改革过程。

第二章

国内外财富不平等问题研究的进展述评

　　收入和财富分配可谓经济学中一个古老而又长盛不衰的问题。从 19 世纪末以来，出于对收入或财富分配平等或公平的关注和追求，经济学研究者前赴后继，从收入和财富的分布研究开始，对收入和财富不平等的测度、不平等产生的原因、不平等对经济增长的影响，以及经济发展过程中不平等的动态演化等一系列问题进行了广泛的研究。可以说，近几十年甚至上百年来，经济学家对这一问题的关注和研究从未间断过，甚至从未"冷却"过。其中的原因，一是在社会对分配平等或分配公平的追求不断"趋热"的社会环境下，分配不平等不但持续存在甚至趋于更加严重；另一个同样重要的原因，就是经济社会的不断发展总会使得分配问题变得更加复杂。

　　改革开放以来，伴随着我国经济的快速发展，城乡居民收入持续增长，财富积累迅速增加，但与此同时，由于转轨过程中市场、非市场、个人能力差异等各方面因素的综合作用，居民收入和财富分配的不平等程度也日渐严重，尤其是 20 世纪 90 年代以来，增长最快与差距扩大幅度最大成为我国居民财富积累过程中最为突出的两个特征，悬殊的贫富差距不但在很大程度上影响着经济的健康发展，更是关乎社会稳定，成为当前我国最为严重的社会问题之一。

　　住房作为一种重要的财富形式，在我国居民家庭财富中的比重最大，因此其分配的不平等程度在很大程度上决定了总体财富分配的不平等程度。住房市场化改革之前，由于福利分房过程中存在的广泛不平等，我国初始住房财富的分配就存在巨大的差异。市场化改革之后，在收入不平等、投机，以及流动性驱动等因素的影响下，商品住房价格的持续飙升催生了居民住房财富的高速积累，但与此同时，住房财富的不平等在短短的二十余年内经历了前所未有的扩大[1]，我国也因此而成为全球住房财富分配实践中一个极为特殊而又非常典型的样本。据李实等（2005）、梁运文等（2010）的估算，2007 年我国住房财富分配的基尼系数已高达 0.72，住房分配不平等对总财富分配不平等的贡献率也达到 60% 左右；而据西南财经大学和人民银行 2012 年 5 月共同发布的《中国家庭金融调查报告》，2011 年我国城市拥有两套以上住房的家庭接近 20%，城镇居民购买第一套住房的平均收益率高达340.3%，第二套和第三套也分别高达 143.3% 和 96.7%，住房收益对城镇居民收入及贫富差距的影响之大由此可见一斑[2]。更为重要的是，由于住房财富分层所导致的广泛社会分化，加上与住房财富相关的财产性收入等差距的极度放大，住房财富分配不平等还有着显著的"马太效应"，住房分配领域的变化在导致住房成为扩大贫富差距重要载体的同时，也使得分配问题更加复杂。

收入不平等和财富不平等是经济不平等中两种最为基本、也是最为重要的表现形式，收入是流量，财富是存量，财富在很大程度上是收入累积的结果，因此财富不平等能够更好地反映经济的不平等程度，更加难以扭转，对经济社会发展的影响也相应地更为持久深入，对其研究的价值自然也更大（李实等，2000；陈彦斌，2008；梁运文等，2010）。但目前国内外学者对财富分配问题的研究不但数量很少，系统性和深入程度更是远远不能与对收入分配问题的研究相提并论，这种状况严重制约了我们对财富分配及不平等规律的认识，相关再分配或调整政策的制定也缺乏相应的理论依据。对于住房这一极为重要的财富形式，由于我国房地产市场起步较晚和家庭财富微观数据可得性等方面的原因，目前专门对住房财富分配问题的研究还非常少见，这与近年来我国住房资产的高速积累和显著分化，并已成为财富分配不平等程度扩大最大源泉的现实形成极大反差。

---

[1] 据李实等（2005）、梁运文等（2010）的估算，2007 年我国住房财富分配的基尼系数已高达 0.72，住房分配不平等对总财富分配不平等的贡献率也达到 60% 左右。

[2] 西南财经大学，中国人民银行. 中国家庭金融调查报告 [EB/OL]. http：//chfs.swufe.edu.cn/NewsDetails.aspx？currpage = News.aspx&pid = xwzx&sid = xwdt&id =154，2012 − 5 − 15

本章中我们将按照已有研究的思路或脉络，对国内外财富不平等领域的主要研究成果进行了梳理，并就已有研究存在的不足进行评述，以为本书更加深入地研究我国住房财富分配问题奠定文献基础。

第一节 国外学者对财富不平等问题的研究进展

一、对财富不平等状况的考察

对财富不平等问题最直接的关注见于对财富分配不平等状况的考察，自20世纪中期以来，对一些国家或地区财富不平等状况的考察或描述性分析开始陆续出现。以对美国和英国的研究为例，20世纪前半叶即1922～1956年期间，美国的财富不平等状况就已经非常严重，1%最富有的家庭占有了全部家庭财富的30%（Lampman，1962）；基于美国消费者金融调查（Survey of Consumer Finances）等家庭微观数据，一些文献对美国财富不平等状况的考察发现，美国财富分配的不平等程度远远高于收入分配的不平等程度，而且还在继续上升，居民净财富基尼系数从1962年的0.80上升到1995年的0.87（Wolff & Marley，1989；Lisa & Moller，2000；等等）；20世纪80年代后半期对英国的住房市场来说是一个比较混乱的时期，1985～1991年期间英国居民住房财富的不平等程度明显增加，期间相当大一部分住房价格上涨带来的资本收益都流入了住房所有者的手中（Andrew Henley，1998）。

二、对财富不平等动态演化特征的研究

不同于对收入分配问题长久持续的研究，经济学研究者对财富分配问题的研究起步较晚，自20世纪中期后开始出现。从研究内容看，基于理论模型对资产或财富分配不平等动态演化的研究比较多见，也比较深入系统，这类文献在一定的假设条件下，分别建立理论模型对财富分配不平等的动态演化问题进行了研究，虽然所用的方法大同小异，但研究内容各有侧重，核心差别在于财富分配的初始不平等对收入或财富分配的影响机制，比如持续性的

个人能力差异、信贷市场的完善程度、生产函数的资本边际报酬性质、经济人的职业和劳动供给决策、人力资本投资等如何因初始财富分配的不平等而进一步影响收入和财富分配，对此可参考国内学者王弟海（2009）的系统总结。

三、对财富不平等问题的经验研究

20世纪末以来，得益于社会各界对贫富差距关注度的不断提高和大量家庭调查微观数据的出现，对财富分配问题的经验研究逐渐成为该领域的研究热点。诸如家庭收入之类的经济特征和财富的代际转移、婚姻、种族等非经济特征在此类研究中都得到一定程度的关注。

收入作为家庭财富积累的首要决定因素，在任何研究财富不平等决定机制的文献中都必然涉及。现有研究多从微观经济角度对家庭财富积累的决定因素进行解释，其中基于生命周期理论和持久收入假说的研究较有代表性。在生命周期理论的框架下，一个人一生中不断地积累财富直至退休，而退休后的支出则减少财富（King & Dicks-Mireaux，1982；Mark，1996；等等）；富人和穷人流动性财富/持久性收入比例之间差距最主要的影响因素是转移支付收入，而净财富/持久性收入之间差距最主要的导致因素是从劳动市场获得的收入之间的差异（James，2003）；20世纪美国居民财富分配不平等的变动大部分可以用收入分配不平等、金融资产价格变动以及住房价格变动三个因素解释（Wolff，1992）。

上述研究也遭到一些学者的批评，比如生命周期模型等传统模型仅能解释实际财富积累的一小部分，若要将这些模型修改并用以解释财富分配，往往很难预测财富分配不平等的变化（Modigliani，1988）；根据生命周期模型，人到中年，个人的消费与收入密切相关，家庭收入与家庭财富积累正相关，但与生命周期模型的预测相反的是，即使在中年群体中，财富也是随着年龄的增长而增加（Mirer，1979）；相对于高收入家庭，很多低收入家庭一生中积累的财富相对于其收入而言要少得多（Huggett & Ventura，2000；James，2003）；大部分的储蓄并不能用生命周期模型来解释，传统的模型并不能解释财富分配的重要特征（White，1978；Kotlikoff & Summers，1981；等等），就住房财富的分配而言，用生命周期模型并不能够为家庭住房财富的持有差距提供完备的解释（Lewin & Semyonov，1997）；等等。

通过改进生命周期模型以更好地刻画财富分配，是目前一个活跃的研究领域。Quardini & Ríos-Rull（1997）讨论了用命周期模型拟合收入和财富分配时可能会遇到的问题。一些文献的研究结果显示，可以在高度简化的"继承和机会"模型（minimalist "inheritance-and-chance" model，该模型包含 50 个家庭、每个家庭包含 20 人）中刻画财富分配的极端不平等，这样就可以避开基于生命周期的决策机制。Castañeda 等（2003）提供了一个复杂的校准生命周期模型，结果表明，相对于传统模型，该模型能够更好地拟合收入和财富分布（Yunker，1998—1999；Alan，2007）。

相对于收入等经济因素，非经济因素对财富积累和分配的影响不容忽视，其重要性有时甚至大于经济因素，但除少数外，现有大多研究都出于社会学家之手。

首先，对于代际转移，相对于父母对子女收入水平的影响，通过代际之间的财富转移，父母对子女财富状况的影响不但更为直接，而且更加显著，对于富有的家庭尤其如此（Menchik，1979；Wolff，1998）。一些基于"地位获取"分析框架对财富分配不平等的研究表明，家庭财富的累积不但取决于家庭当前所拥有的经济资源和所处的社会地位，同时也取决于该家庭以前的相关情况（Land & Russell，1996）。艾伦（Alan，2007）通过构建高度简化的"继承和机会"模型对继承因素对财富分配影响的定量模拟结果表明，家庭财富的代际转移和遗产税政策对财富分配不平等的动态演化及其渐进水平都有着显著的影响，富有家庭逃税行为的减少能够有效地降低财富的不平等程度。在美国，一半以上甚至绝大部分家庭财富的积累都来自财富的代际转移（Kotlikoff & Summers，1981；Gale & Scholz，1994）。另有研究基于 2006 年墨西哥社会变动状况调查（Mexican Social Mobility Survey）的微观数据，运用简单最小二乘回归方法，通过考察子女在教育获得、消费水平、财富持有以及住房所有等四个方面与父母财富之间的关系，考察了在墨西哥父母财富状况与子女经济状况之间的关系，结果表明，父母财富持有水平对子女的教育获得、消费水平以及财富持有都有着显著的影响，父母的财富持有水平对子女住房财富的价值也有着显著的影响（Torche & Spilerman，2009）。

其次，从资产价格波动的影响入手，从总体或宏观层面来考察资产价格波动与不平等之间关系的研究也具有一定的代表性，尤其是对股票市场和房地产市场波动对财富分配影响的考察是该类文献的主流。不考虑其他因素的变化，当某类资产的价格上涨时，拥有该类资产的个人或家庭就会变得更加富有。由于富人比穷人更可能持有股票和房地产等资产，当股票和房地产市场繁荣时，富有家庭就会变得更加富有，财富的集中度由此进一步提高（Smith，1987；Wolff，1987；Winnick，1989）。某资产分配的不平等程度越高，其价格变动对财富不平等的影响就会相应地越大（Wolff，1992）。

再次，由于"门当户对"式婚姻（class mating）的广泛存在，婚姻可能是影响财富分配的另一个重要因素。如果婚姻行为中存在与财富状况相关的选型（assortative），即"门当户对"式婚姻，则婚姻会使得财富更为集中；相反，如果大多数婚姻为"随机婚姻"，由与财富无关的因素决定，则婚姻就会减轻财富分配的不平等（Blinder，1973）。婚姻行为中对教育和种族因素的选型广泛存在，这一现象在美国的数据中有明显强化的趋势（Robert & Yen-hsin，2006）。而艾伦（Alan，2007）的定量模拟结果表明，婚姻因素的加入会显著地加重财富不平等。

最后，源于长期不平等的种族隔离制度，美国不同种族家庭之间悬殊的财富差距吸引了众多经济学家和社会学家的关注，但已有文献大多是对不同种族家庭之间财富差距的衡量，对于诸如家庭成员受教育状况、政治身份等非经济因素，已有研究虽有所涉及，但将其作为重点进行考察的研究还比较少见。除此外，对不同种族家庭住房财富不平等的研究具有一定的代表性（见下文）。

住房作为一种特殊重要的财富形式，不但在家庭财富中占据绝对主体地位，而且其分配状况对财富不平等更是有着直接的决定作用，但目前专门对住房财富分配研究的文献还寥寥无几。一些对西方发达国家住房财富不平等问题的研究表明，近年来住房财富分配的不平等明显增加，而且还在进一步加剧，其中相当大一部分住房价格上涨带来的资本收益都流入了住房所有者的手中（Andrew，1998；Zhu，2005），微观经济因素是住房获得和住房价值的核心决定因素，年龄、教育、收入，以及婚姻等与家庭所拥有住房财富的价值之间高度相关（Alba & Logan，1992；Coulson，1999；Krivo，1995；

Rosenbaum, 1996; Lewin-Epstein, Elmelech & Semyonov, 1997; Lewin-Epstein & Semyonov, 2000; Krivo & Kaufman, 2004）。对美国、以色列等国家不同种族家庭住房财富不平等研究的结论表明，微观经济因素是不同种族家庭住房获得和住房价值的核心决定因素，不同种族家庭在社会经济中地位的不平等促成了不同种族群体之间的住房财富分层（Lewin et al., 1997; Coulson, 1999），但也有研究提供了不同的观点，比如基于美国 2001 年住房调查的微观数据，利用 Tobit 模型对不同种族家庭住房财富之间差异的研究发现，即使在控制了家庭经济因素及区域、年龄，以及抵押贷款等因素之后，黑人和西班牙裔与白人家庭住房财富之间的差距仍然显著（Lauren & Robert, 2004）。

近年来，在包括中国在内的市场转型国家，社会不平等大都经历了急剧的上升，而住房不平等是其中最为明显而且也最为严重的不平等，由此引发了学者们对市场转型对不平等影响问题的关注，相关研究对市场转型国家住房财富不平等驱动因素的研究结论表明，社会体制因素和市场因素对住房财富的分配都有着至关重要的影响，政治精英权力的影响依然存在，而且在市场转型的过程中住房财富的不平等还在继续提高（Szelenyi, 1987; Nee, 1989; Rona-Tas, 1994; Bian & Logan, 1996; Buckley & Gurenko, 1997）。

第二节 对中国财富不平等问题研究的进展情况

自改革开放以来，随着我国市场经济体制改革的逐步深入，我国收入和财富分配的格局发生了巨大的变化，短短的三十多年内，我国已经从一个典型的"平均化"国家过渡到一个收入和贫富差距悬殊的国家，而且这种不平等仍然保持着不断加剧的趋势，由此经济不平等已成为当代中国最为突出的社会问题之一。

近年来，国内学者对收入分配问题进行了持续深入的研究，研究的范围涵盖了宏观、中观以及微观各个层面，研究视角包括教育、行业、性别、政治身份、地区、金融等各种相关影响因素，虽然在一些问题上并未达成共识，但不可否认在相关的研究方面已经取得了非常丰硕的研究成果，这些成果所提供的见解使我们对收入分配问题的认识得以不断深化。对于更为重要的财富不平等问题，由于经济社会发展的特定背景以及家庭财富微观数据可得性等方面的原因，国内学者所倾注的精力要少得多，而且不论是从研究的广度和深度看，还是从研究的具体内容、研究视角、研究方法等方面看，目前对我国财富不平等的研究还处于起步阶段，距系统研究体系的形成还有很大的差距，因此，相对于现实中非常复杂的财富分配问题，现有文献所提供的见解还非常有限。

在为数不多对中国财富不平等问题研究的现有文献中，对中国财富不平等现状的考察占据了绝大部分。赵人伟（2007）、陈彦斌（2008）和梁运文等（2010）分别基于中国社会科学院和奥尔多投资研究中心的家庭调查数据，考察了我国城乡居民的财产分配状况，研究结果均表明我国城乡居民财产分配的不平等程度已经非常严重。赵人伟（2007）的测算表明，2002年全国总财产分布的基尼系数达到0.55，其中房产和金融资产对总财产分布的不平等起着关键的作用，上述两项财产的集中率均为0.63，超过总财产的基尼系数，对总财产的分布不均等的贡献率分别高达66.3%和24.9%。陈彦斌（2008）对2007年我国城乡居民财富分配状况的统计分析表明，城镇居民的资产主要集中于自有房屋、银行存款和自有生产性固定资产三大类，但该研究只是在十等分组法的基础上进行了统计分析，并没有给出我国城乡居民财富分配的基尼系数。根据梁运文等（2010）的计算，2005年和2007年我国城镇居民财产分布的基尼系数分别达到0.56和0.58，职业、受教育程度以及党员身份对居民财产积累的影响显著，与李实等（2005）的研究结果相近，其研究结果显示，与金融类资产和自有房屋估计价值两项资产相应的不平等也是净财产分布不平等的主要来源，与2005年相比，2007年城镇居民住房财富分配的不平等程度明显加剧，基尼系数达到0.72，对总财产分配不平等的贡献率也高达60%左右。

对于居民家庭财富积累行为的解释或财富不平等原因的探析，蒙（Meng，2007）对1995年和1999年中国城镇居民财产积累行为的比较分析认为，城镇居民的财产积累行为中存在明显的预防性动机。鉴于近年来生命周期假说和持久性收入假说在解释财富分配问题上所遇到的越来越多的质疑，国内学者进行了有益的探索，如李实等（2000）基于1995年的城镇住户调查数据，估计了一个主要以户主特征为解释变量的城镇居民财产线性模型，结果表明，中国城镇居民的财富不平等并没有明显地表现出正统生命周期理论所预示的单峰生命周期变化特征，而是存在两个差别很小的峰值，户主的教育水平和职业与家庭财富之间都没有表现出预期的正相关关系，小学以下文化程度户主家庭财产积累的平均水平反而显著地高于受过更高教育的户主家庭。罗楚亮（2012）基于对1995年和2002年住户调查数据的计量研究发现，中国城镇居民持有财产数量的增长主要是由收入增长所解释，家庭财产持有行为中具有明显的预防性动机，收入波动对于家庭的财产积累行为具有重要影响，而户主特征对于财产积累的解释作用非常有限。

对我国与一些发达国家的比较是考察我国财富分配不平等严重程度的重要方面。李实等（2000）、赵人伟（2007），以及罗楚亮等（2009）对国内外居民财产分配状况进行了国际比较，虽然这些研究所用的数据和比较的年份并不相同，但所得出的结论基本一致，即与大部分市场经济国家相比，虽然我国城镇居民财产分配的差距并不大，但已经超过了收入分配差距，而且财产分配的不均等仍然呈现出迅速扩张的趋势。更为值得深思的是，发达国家个人财产的积累已经经历了数百年的时间，而我国从20世纪80年代初算起，也就经历了二十多年的时间，这种个人财产积累和分化的速度和势头都是超常的（赵人伟，2007）。我国城镇居民的财产分配存在一些不同于其他国家的特点，由于经济发展和体制转轨的双重影响，我国居民家庭的财产在较短时间内以较高的速度增长，不平等程度也迅速加剧，但这并非全是经济市场化过程的结果，经济体制转轨过程中财产"化公为私"的转移不但加速了居民财产的积累，而且该过程中存在的分配不公成为导致居民财产差距进一步扩大的重要原因，这在城镇居民住房体制改革过程中的体现尤为显著（李实等，2000；罗楚亮等，2009）。

自20世纪末我国住房分配体制改革以来，伴随着商品住房价格的一路飙升，住房财富的不平等在短短的十几年内经历了惊人的扩大，由此成为全球财富分配领域中一个非常特殊而又典型的样本，但迫切的是，虽然这一问题早已为全社会所关注和重视，但目前仅有少数文献予以研究。

宁光杰（2009）基于中国健康与营养调查（CHNS）的相关数据，通过考察不同产权形式住房对房屋价值和财产性收入的影响，对我国住房制度的改革对居民收入差距的影响进行了实证分析，指出在住房改革过程中，住房的分配存在较大的不公平，获得住房的产权形式不同，住房的价值也存在较大差异，从而会影响居民的收入分配结构，而改革后房价的过快上涨又进一步扩大了这种差距。但该研究的不足在于并没有考察住房财富分配的不平等状况，另外，在考察住房对家庭收入的影响时，由于没有找到合适的家庭收入数据，文中将家庭消费作为收入的替代变量，这显然是有问题的。胡蓉（2012）基于中国人民大学社会学系 CGSS 调查 2006 年的数据，运用多层线性模型考察了我国住房市场化改革对住房分配的影响。其研究结果表明，从地区层面看，住房的市场化改革切实提高了居民的居住水平，但也在很大程度上拉大了住房分配的贫富差距，地区市场化水平与住房不平等程度之间存在倒"U"形曲线关系；从个体层面来看，体制内和体制外职工的住房差异并不显著，但政治精英在住房资源的占有上有着明显的优势。该研究运用定量方法考察了我国的住房市场化改革对住房财富分配的影响，而且将分析深入到地区和个体层面，对理解我国居民住房财富分配状况有较大的参考价值，但其缺陷在于，其所考察的指标并不是居民持有住房财富的价值，而是居住面积，虽然家庭住房面积大小与住房价值高低直接相关，但对于衡量整个社会住房财富的分配状况而言，住房面积与住房价值则完全是一个问题的两个方面。另外，该研究计算的国内 28 个省（市）的住房不平等结果（基尼系数）明显偏低，其计算结果表明，2006 年住房不平等程度最低的是重庆，基尼系数约为 0.12，最高的是河北，基尼系数也只有 0.35，与已有研究和人们的直观感受都有较大差别。

除上述研究外，也有学者从理论角度研究了住房财富与不平等之间的关系。陈彦斌和邱哲圣（2011）通过构建包含房价高速增长、住房需求内生和生命周期特征的 Bewley 模型，研究了高房价对我国城镇居民储蓄率和财产不平等的影响，研究结果表明，高房价是解释我国城镇居民储蓄率和财产分布异于常态的关键因素，持续快速上涨的房价不但使得城镇家庭住房不平等程度加剧，并通过对居民储蓄、投资行为的扭曲使得城镇居民的福利水平普遍下降，其中中低收入阶层下降最多。刘维奇（2011）对城市化过程中住房价格与财富分配效应之间的相互影响机制进行了论述，指出住房价格上涨和价值增值的实现过程伴随着双重财富分配效应，价格持续上涨不但转移了无房人群的当期财富，而且转移了未来财富，同时具有持久性。

第三节　国内外已有研究存在的不足

从文献回顾来看，国内外现有对财富不平等问题的研究还存在以下不足：

第一，在现有为数不多的对财富分配不平等状况的研究中，虽然已有研究涉及了对住房财富分配状况的考察，但都是粗略地计算了全国住房财富的不平等系数，没有深入到地区层面，而且由于所用数据和指标选择等方面存在的问题，其研究结论也存在很大的局限性。

第二，现有对收入和财富不平等指标的测算都没有考虑测算结果的可信度问题。不论是收入分配还是财富分配，现有研究在计算不平等指数时几乎都没有给出相应的置信区间，这一方面是因为大多数研究所用的数据并不是微观数据，但另一方面，即使是使用微观数据的研究，也几乎没有研究在计算收入或财富分配的不平等指数时同时给出相应的置信区间，以致我们无法判断其计算结果的可靠程度，这不但很不严谨，而且是不够全面的。

第三，对财富不平等动态演化机制的研究从人力资本投资、资本市场的完善程度、职业选择、个人劳动供给决策等多个角度对初始财富不平等对财富分配的影响进行了深入研究，由于这类研究都依赖于严格的假设条件，且只能考察初始财富不平等情形下个别因素对财富不平等的影响，虽然对财富不平等动态演化特征的认识有重要的指导意义，但对于现实中复杂的财富分配现象，纯定性的理论研究和仅考虑财富初始不平等对财富不平等影响研究的解释力都比较有限。

第四，虽然相关实证研究有助于了解和考察财富不平等的影响因素或驱动因素，但不足在于：①现有研究所用的研究方法或者是简单的统计分析，或者是较简单的计量模型，以及个别基于对现实高度简化模型的定量模拟研究等，因此这些研究所反映的机制与现实还相差较远；②在以计量模型分析为主体的文献中，所考察的财富变量均为家庭财富，但模型的自变量除家庭规模和与家庭收入相关的变量外，几乎所有研究所关注的变量均是与户主相关的特征，如户主收入、年龄、职业、受教育状况、党员身份等，而几乎没有涉及家庭其他成员在相关方面的情况，笔者认为，对于以个人为考察对象的收入分配问题的研究，这种做法是没有问题的，然而，对于以家庭为基本单位的财富分配问题的研究，家庭财富的种类和多寡是一个家庭行为的结果，其背后都是一个家庭、甚至几代家庭的故事，因此仅考察户主特征对财富分配的影响显然是不足的；③现有研究很多出自于社会学学者之手，比如对婚姻、代际转移、种族等因素对财富分配影响的研究，这些文献在研究重点、角度，以及方法等方面与典型的经济学研究都有着较大的差别。

第五，不论是国外还是国内，目前对居民住房财富不平等的研究还比较少见。作为一种特殊重要的生活必需品和居民财富最为重要的构成部分，住房财富的不平等不但直接影响着居民的幸福感，而且更是在很大程度上决定了居民财富持有的不平等程度。已有的少数文献几乎都是运用简单统计方法的描述性分析，或者运用计量方法建立诸如户主收入、教育、职业、党员身份、种族等与不平等系数或者住房财富之间的回归模型，对于各类因素对住房财富不平影响的机制缺乏理论阐述，而且也很少有研究给出住房财富分配不平等的理论分析框架。另外，由于相关指标数据的缺失，一些文献用住房面积等方面的信息代表住房财富的价值，用家庭消费或者家庭有职业者人数作为收入的替代变量，这都是很不严谨的，实际上，上述各变量之间可能并不存在必然的关系，甚至可能相差甚远，这也影响这些文献对实际问题的解释力。

针对已有研究存在的上述不足，本书中我们将从两个方面对已有文献进行改进：

首先，在第三章中，我们将选取相关微观数据，对我国城镇居民住房财产分配的不平等状况进行深入细致的考察，并对住房财产分配的基尼系数进行贡献率分解，由此实现对城镇居民住房财富分配状况及其影响因素的考察。

其次，作为第三章的进一步深入，第四章中，我们将从"家庭"而非单纯"户主"的角度，以微观家庭数据为基础，直接采用家庭住房财富价值为目标分析变量，通过建立面板门限模型，对中国城镇家庭住房财产分配问题进行实证研究。

我国城镇家庭住房财产不平等及贡献率分解研究

第一节 引 言

如第二章中所述，目前专门对国内住房财富分配问题的研究较少，而且少数已有文献对我国住房财富分配问题的研究存在对不平等指数的计算粗略、使用分组汇总数据而非家庭微观数据、未考察不平等指数计算结果的可靠性、对住房财富分配主要影响因素的研究不足等问题。

本章中，我们将基于中国人民大学数据与调查中心（CGSS）的家庭调查微观数据，对我国城镇家庭住房财产分配的不平等状况进行深入细致的考察，并给出相应计算结果的置信区间，在此基础上，我们将运用贡献率分解的方法，从家庭住房财产积累的主要影响因素出发，按照所属地区和家庭成员户籍、收入、教育、所属行业收入水平等方面的特征对城镇家庭进行多维度分组，在此基础上对城镇家庭住房财产分配的基尼系数进行贡献率分解，由此实现对城镇家庭住房财富不平等状况及其影响因素的考察，以期在一定程度上弥补现有研究的不足。

第二节　不平等指标的选取、测算方案和分解方法

一、不平等指标的选取

西方关于收入和财富不平等的度量及分解的研究由来已久。洛伦茨（Lorenz，1905）提出了研究收入分配的图形法，即著名的洛伦茨曲线。在此基础上，基尼（Gini）于 1914 年提出著名的基尼系数，塞而（Theil，1967）提出并扩展了广义熵（generalized entropy，GE）指数，阿克金森（Atkinson，1970）则创造性地提出了根据社会福利函数来建立不平等指数的方法，阿克金森（Atkinson）指数应运而生。

对于房产财富不平等指标的测算，我们将选取基尼系数（Gini coefficient）和阿克金森指数（Atkinson index）两个度量指标，而不使用泰尔指数（Theil index），这是因为，有相当一部分家庭所持有的住房财富值为 0，而泰尔指数的计算均要求样本值均为大于 0 的数。

二、住房财富不平等指数的测算方案

为考察我国城镇家庭住房财富分配的不平等状况，本章分别测算了 2003 年、2005 年，以及 2006 年全国及分地区城镇家庭住房财富分配的不平等指数（具体包括基尼系数和阿克金森指数）。

另外，如前所述，在现有研究中，几乎所有研究在测算收入或财富分配不平等指数时都没有给出相应计算结果的置信区间。置信区间是指由样本统计量所构造的总体参数的估计区间，表征被测量参数测量值有多大把握（其程度可用概率来度量）能够被含在该区间内，是对被测量参数测量值可信程度的度量指标。在基于某总体的样本数据对某一参数进行估计时，抽取样本所采用的抽样方法、样本数量等的不同都会对参数估计的结果和可信度产生一定的影响，在这种情况下，置信区间所提供的信息就非常重要。因此，在基于样本微观数据测算收入或财产分配不平等系数时，仅仅给出指数计算结

果而不同时给出相应置信区间的做法，不但很不严谨，而且是不够全面的。由此，本章在计算我国城镇家庭住房分配的不平等指标时，同时采用 Bootstrap 方法（也称为自助法）计算了相应指标的置信区间，具体计算过程如下（以某年份全国基尼系数置信区间的计算为例）：

（1）采用重抽样技术从全国样本数据中进行重抽样，得到一个 Bootstrap 样本（此过程允许重复抽样）；

（2）以上述抽出的样本为新样本，利用原有方法重新对基尼系数进行估计；

（3）重复上述过程 N 次（本章中取 1000 次），得到 N 个该年份全国基尼系数的估计值；

（4）以上述 N 个估计值为样本，计算与全国基尼系数相应的置信区间。

三、住房财富不平等指标的分解方法

1. 分解指标的选择

对于收入或财富分配不平等指标的分解，目前常用的有三大类分解方法，即按人群分解、按要素收入分解和按解释变量分解。其中，按解释变量分解实质上是对收入和财富分配影响因素的考察，并不能算作严格意义上的分解。对于住房财富，由于其不同于收入有不同来源的性质，因此比较适合的是按照家庭的类型来进行分解。

对于分解指标的选择，考虑到基尼系数有比较明显的经济含义，而且已被广泛应用于收入不平等分解问题的研究，因此，本章也将选择与我国城镇家庭住房分配相应的基尼系数进行分组分解。

在家庭分组维度的选择方面，本章主要关注影响家庭住房财富积累的主要因素，具体包括家庭成员户籍状况、受教育年限、所在行业的收入水平[①]，以及家庭收入水平等四个分组维度[②]。另外，考虑到我国不同地区之间经济

---

① 根据不同行业平均收入水平的高低，将所有行业区分为高收入行业和一般性行业，进而根据家庭成员所在行业收入水平的高低对家庭进行分组。

② 具体分组方法见本章第四节。

和房地产市场发展水平的较大差距，我们也将从地区差别入手进行贡献率分解。

2. 分解方法

在已有文献中，从分组角度对不平等指数进行分解已有一些比较成熟的研究［如 Pyatt（1976）］，从较早的组内、组间两部分分解，到后来的组内、组间，以及层迭三部分的分解。

以财富基尼系数的分解为例，假定将全部家庭分为 K 个不同的组，其中 w_i 表示第 i 组的平均财富，λ_i 代表第 i 组中家庭数量在家庭总数中的比重。由此，所有家庭的平均财富就可以表示为 $w = \sum_{i=1}^{K} \lambda_i w_i$，第 i 组中所有家庭的财富在总财富中的比重就是 $s_i = \lambda_i w_i / w$。

用"G"表示所有家庭财富基尼系数，则其可以分解为 $G = G_W + G_B + G_R$，等式右边的三项依次分别代表组内不平等、组间不平等和层迭项（overlapped）。其中，各分组组内不平等对总不平等的贡献为各分组内部不平等系数（即基尼系数）的加权平均值，权重为家庭份额和财富份额的乘积，即

$$G_W = \sum_{i=1}^{K} \lambda_i s_i G_i$$

上式中，G_i 为第 i 组内部财富基尼系数。

组间不平等 G_B 即为当各组内成员的财富均为相应组内的平均财富时所计算的总体的基尼系数，若所有分组的平均财富无差异，则有 $G_B = 0$。假定 w_{ih} 为第 i 组中第 h 个家庭的财富，且第 i 组中家庭数为 n_i，而总体中家庭总数 n 为 $n = \sum_{i=1}^{K} n_i$。由此，总体财富分配的基尼系数可以表示为

$$G = \frac{1}{2n^2\mu} \sum_{i=1}^{K} \sum_{j=1}^{K} \sum_{h=1}^{n_i} \sum_{k=1}^{n_j} |w_{ih} - w_{jk}|$$

将上式中的 w_{ih} 和 w_{jk} 分别替换为其所在分组的均值 w_i 和 w_j，则可以得到

$$G_B = \frac{1}{2n^2\mu} \sum_{i=1}^{K} \sum_{j=1}^{K} \sum_{h=1}^{n_i} \sum_{k=1}^{n_j} |w_i - w_j| = \frac{1}{\mu} \sum_{i=2}^{K} \sum_{j=1}^{i-1} \lambda_i \lambda_j |w_i - w_j|$$

对于残差项 $G_R = G - G_W - G_B$，兰伯特和奥尔森（Lambert & Aronson，

1993）对其含义作过解释，若按照财富持有数量对所有家庭排序后，再按照财富的高低依次分组，分组后若任何不同分组家庭之间的财富数量没有重合，在这种情况下就有 $G_R = 0$，否则就会出现 $G_R > 0$ 的情形。兰伯特和奥尔森（Lambert & Aronson，1993）的研究表明，G_R 就是与分组排列相应的密度曲线与总体洛伦茨曲线之间的面积。

四、数据样本及统计性描述

本章所用数据全部来源于中国人民大学数据与调查中心（CGSS）[1] 中国综合社会调查数据库。中国综合社会调查是中国第一个全国性、综合性、连续性的大型社会调查项目，从 2003 年开始，在全国 28 个省市抽取 10000 户家庭户的个人进行调查。目前，该调查数据是除人口普查数据以外的在社会学领域使用率排名第二的数据，有着较高的信誉度和广泛的使用率。目前该中心提供 2003 年、2005 年、2006 年以及 2008 年全国除青海和西藏外其他所有省市的城乡居民家庭微观调查数据，内容涉及城乡家庭人口、户籍、就业、收入和支出、住房等各个方面的信息。在住房方面，该数据提供了我国城乡家庭持有或租住各类住房的数量，以及所持有的所有产权住房的总价值（该价值源自所有者根据住房所在地住房市场状况的估计），这为研究我国城镇家庭的住房财富持有及分配状况提供了直接可用的微观数据[2]。

表 3-1 是有效数据样本的统计性描述。由表 3-1，所考察的三个年份中，有自有住房城镇家庭的比重依次分别为 69.2%、67.2% 和 57.5%，有两套或两套以上自有住房家庭的比重依次分别为 12.3%、9.6% 和 9.1%。上述各比例均低于《中国家庭金融调查报告》中给出的 2011 年的比例。

---

[1] 从应用角度来看，由西南财经大学和中国人民银行联合成立的中国家庭金融调查与研究中心的调查数据更适合本研究的需求，但由于目前只有一年的数据可用，因此也不够理想。

[2] 需要说明的是，由于 CGSS 的数据以家庭为单位，本部分的测算和分析也将以家庭为基本单位，后文中不再重复说明。

表 3 - 1 我国城镇家庭有效样本总数及有自有住房家庭情况

指 标	2003 年	2005 年	2006 年
有效样本总数（个）	5079	4370	4893
其中：有自有住房样本数	3515	2937	2813
其中：有两套或两套以上自有住房样本数	623	419	445
有自有住房家庭的比重（%）	69.2	67.2	57.5
有两套或两套以上自有住房家庭的比重（%）	12.3	9.6	9.1

第三节 我国城镇家庭住房财富不平等的度量

本章对我国城镇家庭住房不平等系数的测算以及后文中对基尼系数的分解均在 Matlab 软件中实现。

一、全国城镇家庭住房财富分配的不平等状况

表 3 - 2 给出了对 2003 年、2005 年和 2006 年我国城镇家庭住房财富不平等指数的计算结果，由表中的结果可以看出，城镇家庭住房财富的不平等指数呈现出三个显著特点：

首先，所有年份两种指数计算结果的置信区间均"比较窄"，而且两种指数的计算结果基本表现出一致变动的趋势，说明计算结果的可信度较高。

其次，两个指数在所有年份的指数值均较高，其中基尼系数都在 0.67 以上，阿克金森指数都在 0.46 以上，两个指数均以 2006 的测算结果为最高值，分别高达 0.708 和 0.542，显示了我国城镇家庭住房财富的显著不平等。

最后，两种指数的指数值均呈逐年升高的趋势，其中基尼系数从 2003 年的 0.676 上升到 2006 年的 0.708，阿克金森指数从 2003 年的 0.468 上升到 2006 年的 0.452。

上述三个方面的特征说明，目前我国城镇家庭的住房财富分配不平等已经达到了非常高的程度，而且这种不平等程度还在进一步加剧。

表 3-2　　我国城镇家庭住房财富分配不平等指数及 95% 置信区间

年　份	基尼系数			阿克金森指数		
	指数值	95% 置信区间		指数值	95% 置信区间	
		下限	上限		下限	上限
2003	0.676	0.657	0.694	0.468	0.451	0.487
2005	0.679	0.664	0.697	0.485	0.485	0.485
2006	0.708	0.691	0.721	0.542	0.528	0.556

二、分地区城镇家庭住房财富分配的不平等状况[①]

对于分地区城镇家庭住房财富分配的不平等指数，由表 3-3 可知：

首先，置信区间的计算结果显示所有计算结果均有较高的可靠性；

其次，从指数值的大小看，阿克金森指数几乎都在 0.4 以上，而基尼系数则都超过了 0.6，较高的东部和东北地区甚至接近 0.7，说明我国城镇家庭住房财富分配的不平等程度已经非常之高；

再次，从不同地区指数值的比较看，虽然各年份不同地区之间并没有呈现比较一致的趋势，但除少数年份外，大多都是东部和东北地区较高，而中部和西北地区较低；

最后，从地区不平等的变化趋势看，除东北地区外，其他三个地区所考察年份两种指数的计算结果都呈现出逐步提高的趋势。

表 3-3　我国分地区城镇家庭住房财富分配的不平等指数及 95% 置信区间

年份	地区	基尼系数			阿克金森指数		
		指数值	95% 置信区间		指数值	95% 置信区间	
			下限	上限		下限	上限
2003	东部	0.660	0.622	0.685	0.443	0.421	0.461
	中部	0.618	0.595	0.645	0.408	0.383	0.441
	西部	0.623	0.598	0.647	0.399	0.374	0.422
	东北	0.695	0.670	0.724	0.490	0.456	0.531

---

① 东部包括北京、天津、河北、上海、江苏、浙江、福建、山东、广东和海南；中部包括山西、安徽、江西、河南、湖北和湖南；西部包括内蒙古、广西、重庆、四川、贵州、云南、陕西、甘肃、宁夏和新疆；东北包括辽宁、吉林和黑龙江。

续表

年份	地区	基尼系数			阿克金森指数		
		指数值	95%置信区间		指数值	95%置信区间	
			下限	上限		下限	上限
2005	东部	0.640	0.620	0.663	0.455	0.438	0.478
	中部	0.608	0.577	0.640	0.398	0.366	0.433
	西部	0.616	0.546	0.690	0.424	0.356	0.499
	东北	0.641	0.607	0.673	0.458	0.421	0.499
2006	东部	0.689	0.668	0.710	0.538	0.518	0.560
	中部	0.629	0.606	0.650	0.437	0.412	0.465
	西部	0.695	0.659	0.725	0.534	0.495	0.563
	东北	0.657	0.618	0.690	0.442	0.405	0.479

第四节　我国城镇家庭住房财富不平等指数的贡献率分解

在具体分解过程中，我们发现，家庭成员所在行业收入水平的特征与住房财富分配不平等之间并没有表现出明显的关联性①，因此，此处仅给出其他四个维度的分解结果。另外，为便于与基尼系数贡献率分解的结果进行对比，以更深入地考察城镇家庭住房财富分配的特征，本部分在给出基尼系数贡献率分解结果的同时，也给出了不同分组内部家庭住房财富的平均值。

一、按地区分组

表3-4中，从对住房财富基尼系数地区贡献率的分解结果看，2003年、2005年和2006年，东部、中部、西部、东北以及地区间的不平等能够解释总体不平等的比例均在60%以上。

---

① 这一结果可能与我们采用的分组方法有关。由于相同行业内部普遍存在的收入差异，简单地将所有行业分为高收入行业和一般性行业，并按照家庭成员所在行业的收入水平来对家庭进行分组，可能并不能很好地反映家庭的实际收入水平。

表 3 - 4　　　城镇家庭住房财富基尼系数的贡献率分解：按地区分组

年份	指标	全国	东部	中部	西部	东北	地区间	层选项
2003	基尼系数	0.676	0.66	0.618	0.623	0.695	0.234	0.24
	贡献率（%）	100	19.2	5.1	5.3	0.3	34.6	35.5
	住房财富均值（万元）	8.91	13.77	5.49	5.49	3.42		
2005	基尼系数	0.679	0.64	0.608	0.616	0.641	0.266	0.177
	贡献率（%）	100	28.8	2.9	2.8	0.3	39.1	26.1
	住房财富均值（万元）	11.37	18.07	6.67	6.35	3.17		
2006	基尼系数	0.708	0.689	0.629	0.695	0.657	0.23	0.252
	贡献率（%）	100	23.8	4.1	3.5	0.6	32.5	35.6
	住房财富均值（万元）	10.01	15.86	7.15	5.51	4.29		

　　从贡献的大小来看，各年份对总体不平等贡献率最大的都是地区间的不平等，贡献率分别达到 34.6%、39.1% 和 32.5%，其次是东部，分别为 19.2%、28.8% 和 23.8%，而中部、西部和东北三个地区的贡献率都比较小，而且差别不大。

　　从不同年份地区不平等贡献的变化看，各类不平等贡献的变化并没有表现出一致的变动趋势，其中，贡献率最大的东部地区内部和地区间不平等，贡献率均是先上升后下降，但总体呈上升趋势，中部和西部的贡献率略有下降，而东北地区的贡献率虽有显著上升，但由于其对总体不平等的绝对贡献率较小，因此其变化对总体的影响不大。

　　从不同地区家庭住房财富均值的对比看，东部地区城镇家庭住房财富平均值最高，且远远超过其他三个地区，中部和西部次之，而东北地区最低。

二、按家庭成员户籍状况分组

　　表 3 - 5 中，从按家庭成员户籍状况分组对基尼系数贡献率的分解结果看，各分组内部及不同分组之间的不平等对总不平等的贡献率基本在 80% 左右，其中均城镇户籍家庭分组的贡献率最高，即使最低的 2005 年其贡献率也高达 57.4%，而且有逐渐提高的趋势，2006 年则甚至接近 70%，说明目前我国城镇家庭住房不平等主要还是城镇户籍家庭内部的不平等。

表 3 - 5　城镇家庭住房财富基尼系数贡献率的分解：按家庭成员户籍状况分组

年份	指　标	全国	均城镇组	非均城镇组	分组之间	层迭项
2003	基尼系数	0.676	0.653	0.749	0.064	0.166
	贡献率（%）	100	61.6	4.4	9.5	24.6
	住房财富均值（万元）	8.91	9.84	5.87		
2005	基尼系数	0.679	0.635	0.8	0.1	0.154
	贡献率（%）	100	57.4	5.1	14.7	22.7
	住房财富均值（万元）	11.37	12.81	7.30		
2006	基尼系数	0.708	0.684	0.781	0.107	0.095
	贡献率（%）	100	69.3	2.2	15.2	13.4
	住房财富均值（万元）	10.01	11.25	4.11		

注：（1）家庭分组按照家庭成员的户籍状况进行，"均城镇"分组中受访者与其配偶均为城镇户籍，"非均城镇"分组中家庭受访者与其配偶只有一方为城镇户籍，或者均为农村户籍；（2）由于2006年配偶户口状况数据的缺失，表中对2006年家庭的分组按照受访者本人的户籍状况进行。

此外，不同户籍分组之间的不平等对总不平等也有不小且逐年提高的贡献，从2003年的不足10%提高到2006年的15.2%，而非均城镇户籍分组的贡献率很低，其内部不平等对总不平等的贡献率在2006年只有2.2%。

从两个分组内部家庭住房财富的均值大小来看，两类分组中家庭持有住房财富的均值之间差异显著，2003年和2005年均城镇户籍家庭分组的住房财富平均值均接近非均城镇户籍分组的两倍，2006年则更高，达到2.7倍。

上述结果与我们的预期高度吻合，家庭成员的户籍状况与家庭住房财产持有之间存在着高度相关关系，户籍在很大程度上决定着城镇家庭积累住房财富的能力。

三、按家庭收入分组

按收入分组对基尼系数贡献率的分解结果看，如表3-6所示，不同收入分组内部及之间住房财富不平等对总不平等的贡献率达到70%左右，其中，贡献率最高的是不同收入分组之间的不平等，其在2003年对总不平等的贡献率最高，达到43.4%，2006年最低，但也超过30%。

表 3 - 6　城镇家庭住房财富基尼系数贡献率的分解：按家庭收入分组

年份	指标	全国	高收入组	中等收入组	低收入组	分组之间	层选项
2003	基尼系数	0.676	0.622	0.605	0.711	0.293	0.135
	贡献率（%）	100	6.1	28.6	1.9	43.4	20
	住房财富均值（万元）	8.91	20.23	7.05	3.18		
2005	基尼系数	0.679	0.652	0.626	0.681	0.254	0.166
	贡献率（%）	100	7.1	29.3	1.7	37.4	24.5
	住房财富均值（万元）	11.37	22.11	10.25	4.01		
2006	基尼系数	0.708	0.687	0.658	0.742	0.214	0.226
	贡献率（%）	100	7.5	27.9	2.4	30.3	31.9
	住房财富均值（万元）	10.01	18.00	8.97	5.12		

注：家庭分组按照家庭收入的高低进行，"高收入组""中等收入组"和"低收入组"包含的样本数在各年度样本总数中的比重均分别为20%、60%和20%。

其次是中等收入组，其内部不平等对总不平等的贡献率在三个年份之间变化不大，基本保持在28%左右，高收入组内部不平等对总不平等的贡献率在三个年份之间变化也较小，基本保持在7%左右，而低收入组内部不平等的贡献率最小，只有约2%。

根据不同收入分组家庭住房财富的平均值，分组内部家庭的收入越高，其住房财富的均值也越高，所有年份中，不同收入分组家庭之间的住房财富相差悬殊，高收入分组中家庭的住房财富均值分别超过中等和低收入分组家庭的两倍和三倍。

上述结果充分说明，作为家庭"硬实力"的收入对家庭住房财富的积累有着至关重要的决定作用，家庭收入水平的高低直接决定了其持有房产财富的多寡。

四、按受访者受教育年限分组①

如表 3 - 7 所示，从按受访者受教育年限对城镇家庭住房财富基尼系数的

① 由于样本中受访者配偶的受教育状况相关数据存在的问题（2005年和2006年受访者配偶受教育程度的相关数据分别存在大量的异常值和缺失值），此处对家庭的分组未能按照家庭成员受教育状况的总体特征进行（如受访者本人与其配偶受教育年限的加总），但考虑到现实中夫妻双方受教育程度之间的差距一般不太大，受访者本人的受教育程度应与家庭成员总体受教育程度高度相关，作为一种替代性的处理，此处的分组以受访者本人的受教育年限进行。

分解结果看，不同受教育分组内部及不同组别之间的不平等能够解释总体不平等的一半左右，除层选项外，在所考察的三个年份中，低受教育分组内部不平等对总体不平等的贡献率都是最大的，而且都在20%以上。

表3-7　城镇家庭住房财富基尼系数的贡献率分解：按受访者受教育年限分组

年份	指标	全国	高受教育程度组	中等受教育程度组	低受教育程度组	分组之间	层选项
2003	基尼系数	0.676	0.645	0.658	0.694	0.062	0.365
	贡献率（%）	100	4.8	8.5	23.5	9.2	54
	住房财富均值（万元）	8.91	12.01	8.38	7.95		
2005	基尼系数	0.679	0.679	0.69	0.653	0.123	0.312
	贡献率（%）	100	3.7	11	21.4	18	45.9
	住房财富均值（万元）	11.37	16.32	11.69	9.41		
2006	基尼系数	0.708	0.714	0.694	0.704	0.069	0.372
	贡献率（%）	100	3.9	8.7	25.1	9.7	52.6
	住房财富均值（万元）	10.01	12.21	10.53	8.83		

注：家庭分组以受访者的受教育年限进行，以义务教育和高中为分界点，高、中等，以及低受教育程度组中受访者的受教育年限分别为13年以上、10～12年以及10年以下。

其次是不同受教育程度分组之间，2003年和2006年的贡献率相差不大，接近10%，而2005年则高达18%，而中等和高受教育分组的贡献率最低，分别在10%左右和5%以下。

就不同受教育程度分组家庭住房财富的平均值看，所有年份都无一例外地呈现出"受访者教育程度越高，其所在家庭持有的住房财富也越多"的特征。

从以上分析看，虽然依受访者教育程度分组中各类不平等对整体不平等总的贡献率相对较低，但以上结果已经充分说明，教育对城镇家庭的住房财富积累有着极为显著的影响。

第五节　本章小结

对我国城镇家庭住房财富分配不平等指数的测算结果表明，本章计算结果的可信度较高，总体而言，我国城镇家庭住房财富分配的不平等程度已经达到非常高的水平。以基尼系数为例，本部分中几乎所有基尼系数的计算结果都在 0.6 以上，更为值得关注的是，这种不平等程度还有进一步提高的趋势。就地区层面而言，东部和东北地区城镇家庭住房分配的不平等程度较高，而中部和西北地区较低。

对于基尼系数贡献率的分解，地区间和东部不平等对城镇住房财富分配不平等的贡献率最大，从其他四个维度看，家庭在户籍状况、收入水平，以及受教育状况等方面的差异都是导致我国城镇家庭住房财富分配不平等的重要原因，而家庭成员所在行业收入水平的特征与住房财富不平等之间并没有表现出明显的关联性。上述研究结论有着明显的政策含义：从长期来看，逐步改革户籍制度、努力改善收入分配、提高贫困群体的受教育水平等都是未来缩小城镇家庭住房财富差距的重要途径。

本章的研究结论为了解我国城镇家庭住房财富分配的不平等状况及其原因提供了直接参考，对国家和相关管理部门制定住房财产分配和调节政策和措施，从而有效缓解我国严重的住房财产差距有一定参考价值。但必须指出的是，家庭住房财富分配是一个高度复杂的经济和社会问题，本章通过分组方法对各类因素对住房财富不平等影响的考察实质上都属于单因素分析，没有考虑到这些因素对住房财富不平等影响的综合效应，因此是有局限性的。

第四章

我国城镇家庭住房财产
持有的影响因素研究

第一节　引　　言

　　上一章中，我们基于微观调查数据计算了城镇家庭住房财产的不平等指数，并基于基尼系数贡献率分解的方法考察了各类因素对城镇家庭住房不平等的影响。本章中，我们将运用计量经济学的分析方法，对城镇家庭住房财富持有问题进行更为深入的研究，以期从如下几个方面改进已有研究存在的不足：

　　首先，此前多数文献通常采用全样本或分组 OLS 回归对城镇家庭住房财产持有问题进行研究，这很可能会掩盖或没有很好地体现不同变量对不同财富阶层住房财产持有影响的差异，而少数采用分位数等回归的文献对财富阶层的划分也具有一定外生性，本研究中，我们将利用面板门限模型，通过严格的统计检验来内生性地对财富阶层进行划分。

　　第二，几乎所有研究都是从"户主"的角度而不是"家庭"的角度来解释家庭的财产持有问题，对于以家庭为基本单位的财富积累问题，仅考察户主特征对财富持有的影响显然是不足的。为此，本章将以"家庭"为视角，关注家庭主要成员及其父代等得特征进行更为全面的研究。

　　第三，国内研究主要集中于教育或经验等对收入的影响，本章则集中于教育和经验对住房财产的影响。另外，教育水平对住房财产的影响可能会随社会阶层的变化而变化，即可能存在门限效应，但多数已有研究没有考虑这一因素，本章中将对这一门限效应进行实证检验。

第四，由于相关数据的缺失，不少研究用住房面积等信息代表住房财富的价值，用家庭消费或者有职业者人数作为收入的替代变量，实际上，上述各变量之间可能并不存在必然的关系，甚至相差甚远，这也影响了其对实际问题的解释力。对此，本章中我们将直接采用家庭所持有住房财富的价值和家庭全年收入数据。

最后，本章还将对具有中国特殊性的几个变量如户籍、党员身份等对家庭住房财富持有的影响进行分析和讨论。

第二节　家庭住房财产持有影响因素的理论分析

在我国，住房分配存在两种社会体制，包括市场体制和再分配体制。改革前的中国适用再分配体制的逻辑（Logan & Bian，1993），即住房主要被视为一项福利，少数人群较一般群众能在住房面积和质量上享有特权。进入 21 世纪，虽然再分配机制仍然在有限的范围内得到延续，但市场化机制也在并行增长（边燕杰、刘勇利，2005），2000 年以来，中国商品房市场的飞速发展，使得这之后中国在住房分配上的市场化机制逐渐占据主体地位。

在市场体制下，住房作为一种商品，家庭的收入、家庭成员的受教育状况、职业、党员身份，以及其他因素等都是影响家庭住房财富多寡的重要因素。本节中，我们将主要讨论几个具有中国特殊性的非市场化因素对家庭住房财富持有的影响，包括户籍和党员身份。此外，对于此前多数文献忽略的教育水平对住房财产影响的门限效应，本节中我们也将作一些必要的讨论。

一、具有中国特色的户籍制度加重了住房财产不平等

户籍制度是中国相对世界上绝大多数国家而言十分特殊的国情之一。在中国，户籍决定了一个人能否获得一些特定福利，其中住房就是最为重要的一种。20 世纪末中国城镇住房分配制度改革基本完成后，是否具有城镇户籍

对于城镇居民的住房状况有着显著的影响，主要体现在以下几方面：

住房制度改革后，只有具有本地城镇户籍的城市居民才有资格以较低的价格购买其所租赁公房的产权；

本地城镇户籍居民可以购买低于市场价的经济适用房；

本地农业户籍人群相对外来人口在获取住房方面也有一定的优势，一方面可以在集体土地上自建住房，另一方面，在近几年全国性城镇扩张的过程中，这部分居民中很大一部分获得了数量可观的拆迁补偿；

在商品房市场上，前些年，虽然不具本地户籍的农村户籍人口可以自由地在城镇购买商品住房，但却在税费、贷款等方面很难与当地户籍居民享受同等的待遇，而近几年随着国家房地产调控政策的转变，很多城市出台了限购政策，受此影响，很多外地户籍人群被排除在本地商品住房市场之外。

值得指出的是，能否以较低价格取得所租赁公房的产权，能否在早期购买低于市场价的经济适用房，很大程度上决定了各类户籍情况的居民在较早期的住房财产分配状态，这一初始分配差距在后来住房价格飞速上涨的过程中被极度的扩大了：在初始分配中获取公租房产权或购买了低于市场价经济适用房的人群，在这一过程中获得了可观的财富增值，其中不少人又以此为基础获取了更多的住房，在房价上涨的大潮下，这部分人的住房财产滚雪球般增加；而没有获取这一初始利益的人群，房价飞速上涨不但没有给这部分人带来任何好处，而且还使得其积累住房财产越来越困难，这无疑加剧了我国住房财产的不平等。

此外，在后来能够购买经济适用房、能自建住房或能享受到拆迁利益的那部分人群，也或多或少地获得了住房财产的增值收益，这部分人群主要是具有本地户籍的城市居民和农村居民，不具有当地户籍的外来人口则很少能享受上述政策的红利。

综上所述，由于户籍差异的存在，不同户籍状态的群体在同等条件下获取住房财产的机会和能力出现了较大分化，这一分化又在我国近年来住房价格飞涨的过程中被扩大和加深了。

二、政治身份和地位是加剧住房财产不平等的重要因素

一般文献中论及的政治资本是指个人（包括家庭）在社会经济体制的权

力结构中所具有的社会资源，如身份、社会关系网络、职业等要素（刘和旺、王宇锋，2010），目前文献通常以党员身份作为政治资本的代理变量。

如前文所述，中国目前的住房分配并存着再分配和市场两种机制。而中国住房分配体制的转型本质上即是两种资源配置机制力量此消彼长的过程。在中国住房分配体制转型的过程中，个人及其家庭成员所具有的党员身份对其住房财产持有产生了并仍将产生重要的影响，其中的主要作用机制如下：

（1）我国住房财产再分配体制仍然存在，具备党员身份的人群可能离住房财产的再分配中心更近，因此更易享受到住房资源或住房政策的倾斜。何晓斌、夏凡（2012）的研究即表明，20 世纪 90 年代中期以来的住房商品化过程中，干部和国有单位职工比私营部门职工更容易以较低的价格获得住房。

（2）在我国住房分配体制由再分配体制向市场体制转型的过程中，在党员身份、职位上存在优势的个人，即便不能直接享受住房再分配体制的好处，但借助党员身份、政治职位或职业等便利条件，也可能间接地从中获取住房财富。有党员或地方官员背景的个人更容易控制当地的土地等资源（Mordueh & Sieular，2002），而这对于获取住房财产十分有利，例如，在近几年全国大范围拆迁的过程中，包括街道办、城中村或郊区村党支部书记在内的基层干部利用自身的政治身份等便利就获得了不菲的住房财产。

（3）除以上两种情形外，党员身份与转型过程中的市场化因素相结合，并经由市场化分配体制也能够在获取住房财产方面占有优势。一方面，党员身份可以理解为一种"信号"，这种信号与教育文凭、获奖证书等类似，是诸多不可观测因素如能力等的显性表征；另一方面，党员身份起到了扩大或提升"社会关系网"的作用，这些都有助于拥有一定地位、身份等方面优势的人群更容易地获取住房。

三、教育对住房财产影响的门限效应

李实等（2000）的研究提供了一个值得注意的结论，即城镇家庭教育水平与家庭财富间没有表现出预期的正相关关系，而我们基于微观家庭数据利用简单全样本 OLS 回归的结果也表明，教育水平对家庭住房财富的影响不显著。为什么会出现这种结果？我们认为，其中的主要的原因很可能是教育对我国城镇居民住房财产的影响会随社会阶层的变化而变化，也即教育对住房财产的影响可能存在门限效应。

教育的回报率因家庭收入或财富阶层的不同而存在显著差异也得到一些文献的证实。就教育对家庭住房财产持有的影响，若如我们的预期，同样的教育水平对不同社会阶层的家庭的影响不同，在这种情况下，采用简单的全样本回归估计就会掩盖上述差异，以致得到教育与家庭住房财产间关系不显著甚至负相关的结论。

对于教育对住房财产积累的影响可能存在门限效应背后的原因，我们认为，其中最为主要的原因在于，较高社会阶层的人群可以利用的资源更多，这些资源与一定的教育水平结合之后，能够发挥更大的综合效应，由此产生更高的报酬。具体而言，较高社会阶层的个人所在的家庭具有更广泛的人脉关系，具有更加广泛的社会资源，这些对个人发展都有着直接或间接的联系，相对于同等受教育程度但"出身贫寒"的个人，其获得更好工作机会、获取高收入的机会更多，因此在其事业发展和财富积累中能够获得的帮助更大。理论上，以上综合效应体现在对教育对家庭住房财产的影响上可能表现为，同等教育水平下，较高社会阶层的人群往往能够积累更多的住房财产。

第三节　面板门限模型：对住房财产函数估算模型的拓展

一、对住房财产函数估算模型的拓展——面板门限模型

本章的目的是探讨哪些因素导致了居民住房财产水平的差异。从现有文献看，可从两个层面分析：一是将总体样本数据按照家庭个体特征进行拆分，对各个子样本进行统计分析并与总体样本特征进行比对；二是估算财产函数，通过计量回归分析来考察对家庭财产水平影响显著的个体特征。本研究中，我们采用第二种思路。

参照类似文献的常用做法，以对住房财产函数的估算作为研究框架，对微观家庭住房财产关于教育水平、经验及其他相关变量进行回归，方程如下：

$$Whouse_{it} = u_i + \beta_1 edu_{it} + \beta_2 \exp_{it} + \gamma Z_{it} + \varepsilon_{it} \qquad (4-1)$$

其中，$Whouse_{it}$为家庭 i 在 t 期的住房财产，edu_{it}为家庭 i 的户主等在 t 期的教育水平，$\exp_{it}$则为家庭 i 的户主等在 t 期的经验水平，Z_{it}为其他解释变量，详见数据描述部分。

但是，现有研究表明，我国微观家庭的住房财产分布并非正态分布，而是向低财产值扭曲。在估算财产函数时，如果直接以财产值作为被解释变量，容易受到极端值的影响，这样得到的回归结果并不可靠，凯罗尔等（Carroll et al.，2003）的研究表明，用未经转换的财产值直接估计财产函数得到的残差分布并不能通过正态分布的检验，蒙（Meng，2007）、梁运文等（2010）的研究结果也表明，直接把财产作为被解释变量不能产生合理的回归结果，对本章数据的初步处理也发现了这一问题，如图 4 - 1 所示。

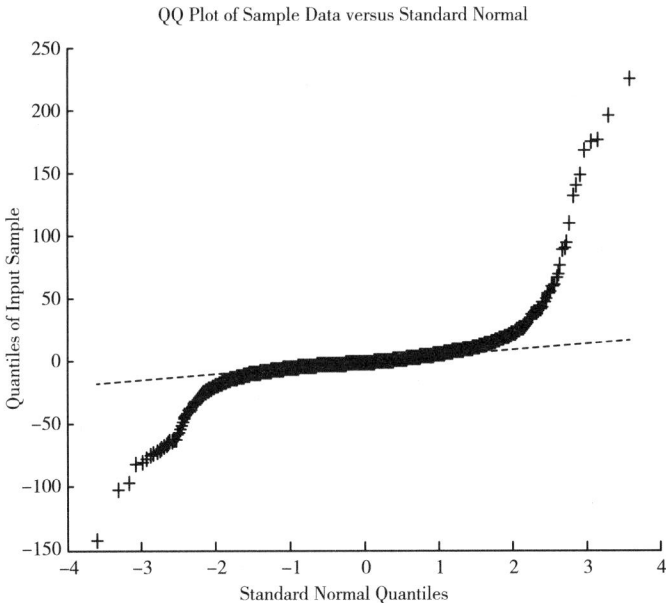

图 4 - 1 对家庭住房财产的正态性检验

李实等（2000）的研究对财产进行了对数转换，但由于这种方法不允许零财产，并不适合我们的研究。为了避免以上两个问题，我们遵循凯罗尔等（Carroll et al.，2003）的方法，首先对财产作反双曲正弦转换：

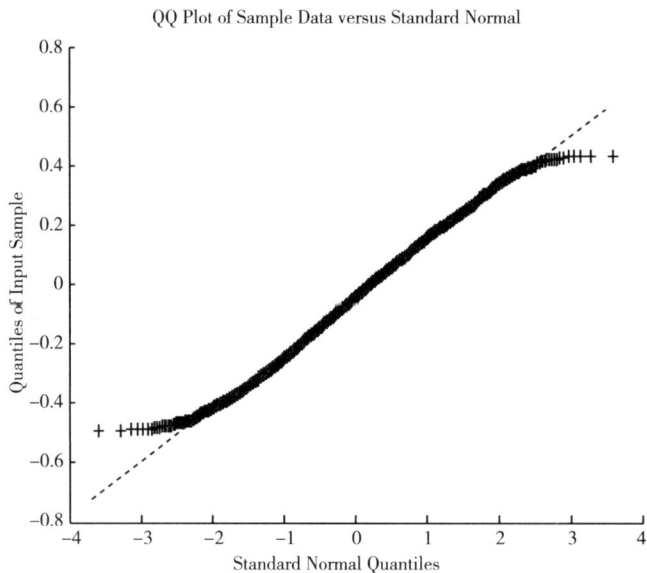

QQ Plot of Sample Data versus Standard Normal

图 4 – 2　对家庭住房财产作反双曲正弦转换后的正态性检验

$$g(Whouse_{it},\theta) = \frac{\ln(\theta Whouse_{it} + (\theta^2 Whouse_{it\,it}^2 + 1)^{1/2})}{\theta} \qquad (4-2)$$

其中，$Whouse$ 为财产值，θ 为阻尼参数，θ 选择的标准是使回归残差尽量符合正态分布（本研究中，我们对 θ 取值为 4，与凯罗尔等（Carroll et al., 2003）的取值接近）。通过式（4－2）的转化，极端值影响被缩小的同时也消除了财产只能大于零的约束。如图 4－2 所示，经反双曲正弦转换后的住房财产值基本服从正态分布。

以转化后的财产为被解释变量，财产函数的估计方程为

$$Whouse_{it}(\theta) = u_i + \beta_1 edu_{it} + \beta_2 \exp_{it} + \gamma Z_{it} + \varepsilon_{it} \qquad (4-3)$$

更进一步地，考虑到教育和经验对财产的影响可能会随社会阶层的变化而存在门限效应，本研究通过构建面板门限模型对式（4－3）进行拓展，得到

$$Whouse_{it}(\theta) = u_i + \beta_1'[edu_{it}, \exp_{it}, Z_{it}]I(q_{it} \leq \gamma) \\ + \beta_2'[edu_{it}, \exp_{it}, Z_{it}]I(q_{it} \geq \gamma) + \varepsilon_{it} \qquad (4-4)$$

上式中，$1 \leq i \leq n$，$1 \leq t \leq t$，n 为家庭总数，T 为时期总数；β 为待估计参数；$I(\cdot)$ 为示性函数，即条件成立时取 1，否则取 0；q_{it} 为门限变量（即 $Whouse$），e_{it} 为随机误差项，假定 $e_{it} \sim iid$（0，σ^2）。门限模型通过确定回归方程中门限变量的取值，将方程划分在不同的区间，每个区间由不同的回归方程来表达。门限值按照"残差平方和"最小化的原则确定。

二、参数估计与假设检验

不失一般性，令式（4-4）中 $= y_{it}^* = Whouse_{it}$（θ），$x_{it}^* = [edu_{it}, \exp_{it}, Z_{it}]$ 则式（4-4）可直观地表示为

$$y_{it}^* = \beta' x_{it}^*(\gamma) + e_{it}^* \qquad (4-5)$$

再令 $y_i^* = [y_{i2}^* \cdots y_{iT}^*]'$，$x_i(\gamma) = [x_{i1}^* \cdots x_{iT}^*]'$，$e_i^* = [e_{i2}^* \cdots e_{iT}^*]'$；$Y^* = [y_1^* \cdots y_n^*]'$，$X^* = [x_1^*(\gamma) \cdots x_n^*(\gamma)]'$，$e^* = [e_1^* \cdots e_n^*]$，则式（4-5）的等价表达式为

$$Y^* = X^*(\gamma)\beta + e^* \qquad (4-6)$$

使用 OLS 估计门限模型参数，则参数 β 的估计量为

$$\hat{\beta}(\gamma) = (X^*(\gamma)'X^*(\gamma))^{-1}X^*(\gamma)'Y^* \qquad (4-7)$$

相应地，残差向量为 $\hat{e}^*(\gamma) = Y^* - X^*(\gamma)\hat{\beta}\gamma$，残差平方和 $S_1(\gamma)$ 为

$$S_1(\gamma) = \hat{e}^*(\gamma)'\hat{e}^*(\gamma) = Y^{*'}(I - X^*(\gamma)'(X^*(\gamma)'X^*(r))^{-1}$$
$$X^*(\gamma'))Y^* \qquad (4-8)$$

使 $S_1(\gamma)$ 取得最小值时的 γ 即为所要确定的门限值 γ，即

$$\hat{\gamma} = \arg\min_{\gamma} S_1(\gamma) \qquad (4-9)$$

遍历搜索门限变量 q_{it} 的各个取值（至多有 nT 种）可确定出 $\hat{\gamma}$，最终可得 $\hat{\beta} = \hat{\beta}(\hat{\gamma})$。

除对回归方程、参数等做常规检验外，门限回归还需做两个特殊检验（以单门限的情况为例）：

检验 1：$H_0 : \beta_1 = \beta_2 \quad H_1 : \beta_1 \neq \beta_2$

原假设为模型不存在门限效应。记原假设下残差平方和为 $s_0 = \tilde{e}' \tilde{e}$，则检验统计量为

$$F_1 = (S_0 - S_1(\hat{\gamma}))/\hat{\sigma}^2 \qquad (4-10)$$

汉森（Hansen，1996）指出，该检验统计量不符合标准分布，需经由 Bootstrap（拔靴法）得到一阶渐进分布，进而根据似然比检验 P 值判定是否拒绝原假设。

检验 2：$H_0 : \gamma = \gamma_0 \quad H_1 : \gamma \neq \gamma_0$

汉森（Hansen，1999）证明 $\hat{\gamma}$ 收敛于 γ 真实值 γ_0，但 $\hat{\gamma}$ 并不服从常见分布。为求出 $\hat{\gamma}$ 的置信区间，首先通过上述检验构造出似然比统计量：

$$LR_1(\gamma) = (S_1(\gamma) - S_1(\hat{\gamma}))/\hat{\sigma}^2 \qquad (4-11)$$

汉森（Hansen，1999）证明在满足一定假设下，当显著水平为 α 时，可通过下式求检验的临界值：

$$c(\alpha) = -2\log(1 - \sqrt{1-\alpha}) \qquad (4-12)$$

当 $LR_1(\gamma) > c(\alpha)$ 时，拒绝原假设。

上述是针对单门限值的模型和检验情况，实际中可能存在两个或以上门限，下面以双门限为例，三个及以上情形可在双门限的基础上扩展。双门限模型如下：

$$y_{it} = \mu_i + \beta_1' x_{it} I(q_{it} \leqslant \gamma_1 +) \beta_2' x_{it} I(\gamma_1 < q_{it} \leqslant \gamma_2) + \beta_3' x_{it} I(\gamma_2 < q_{it}) + e_{it}$$
$$(4-13)$$

其中，γ_1 和 γ_2 为门限值，且 $\gamma_1 < \gamma_2$。

双门限模型是在固定一个门限值后估计第二个门限。首先按照单门限模型中的方法求出第一个门限值，然后搜索第二个门限，即

$$S_2^r(\gamma_2) = \begin{cases} S(\hat{\gamma}_1, \gamma_2) & \hat{\gamma}_1 < \gamma_2 \\ S(\gamma_2, \hat{\gamma}_1) & \gamma_2 < \hat{\gamma}_1 \end{cases} \qquad (4-14)$$

使上式取最小值可搜索出第二个门限值 $\hat{\gamma}_2$。白（Bai，1997）提出应固

定 $\hat{\gamma}_2$ 后重新搜索 $\hat{\gamma}_1$（因搜索第一个门限值时未考虑第二个门限值，$\hat{\gamma}_1$ 并非渐进有效）。通过比较双门限与单门限的残差平方和是否有显著差异，可判定是否存在第二个门限效应，其检验统计量为

$$F_2 = (S_1(\hat{\gamma}_1) - S_2^r(\hat{\gamma}_2^r))/\hat{\sigma}^2 \qquad (4-15)$$

与单门限类似，同样通过 Bootstrap 法来获得检验统计量的渐进分布，然后计算出 P 值进行判定。如果 F_2 是显著的，则表明第二个门限也是显著的，此时需要按照上述过程继续搜索第三个门限，直到检验统计量不显著为止。

第四节　数据描述与说明

一、数据来源与变量说明

本部分中，城镇微观家庭的样本数据来源于中国人民大学数据与调查中心的中国综合社会调查（CGSS）。根据该调查数据的可获得性，我们共选取了 2003 年、2005 年及 2006 年 3 年各 26 个省级地区的面板数据。

在计量分析中，因变量为家庭住房财产价值 $Whouse$，参照类似文献的做法，在代入回归模型之前，首先对其作反双曲正弦转换。对于自变量，我们认为比较重要的变量包括家庭年收入、家庭成员的教育水平和经验、政治面貌、户籍、职业收入水平等。此外，如家庭收入水平与教育交叉项、教育年限变量的 2 次项等也需要考虑。

由于我们所用的实际微观家庭数据并不支撑将户籍划分为多种类型（例如本地/非本地城镇户籍、本地/非本地农村户籍），另外也考虑到虚拟变量设置不宜过多的问题，我们在实际计量过程中简单地将户籍划分为城镇户籍和非城镇户籍。考虑到具有城镇户籍的迁入者实际上在其户籍所在城镇也享有类似的公共住房补贴，其综合情况显然要好于非当地农业户籍的迁入者，在一些情况下也可能会好于具有农业户籍的当地居民，因此简单地将户籍划分为城镇户籍和非城镇户籍大体上能够反映户籍带来的实际差异。

本部分中模型所用因变量、自变量的简要说明见表 4-1。

表 4 – 1 模型变量说明

变量符号	变量名称	变量含义	变量类型	单位
Whouse	住房财产	经反双曲变换后的家庭住房价值	因变量	/
Incjt	家庭全年总收入	家庭全年总收入	自变量	万元
Exp	经验	户主工作年限	自变量	年
Pol	户主政治面貌	户主为党员 = 1，非党员 = 0	自变量	/
Hukou	户籍状况	户主为农业户口 = 0，否则 = 1	自变量	/
Edum	教育程度（母亲）	母亲受教育年限	自变量	年
Ocuh	户主职业收入水平	高收入职业 = 1，其他 = 0	自变量	/
Ocus	配偶职业收入水平	高收入职业 = 1，其他 = 0	自变量	/
Edu	受教育年限	户主受教育年限	自变量	年
Edus	配偶受教育年限	配偶受教育年限	自变量	年

注：（1）户主工作年限 = 户主年龄 – 受教育年限 – 6（统一设定为 6 岁入小学）；（2）对于职业收入水平，根据不同行业平均收入水平的高低，本研究将 CGSS 数据中被调查对象所从事的 500 余种行业划分为高收入职业和一般性收入职业。

除对因变量作反双曲正弦转换外，在对数据进行描述性分析前还做了一些其他处理，包括：①家庭年收入按各地区家庭平均人数调整至可比水平；②家庭年收入按照各地区 CPI 调整至 2006 年的价格水平；③将各地区住房财产价值数据按照各地区房价指数调整至 2006 年的价格水平。

在计量分析之前，为避免自变量之间存在严重共线性，此处首先考察了上述全部变量间的相关系数，结果见表 4 – 2[①]。

表 4 – 2 全部变量相关系数（2003 ~ 2006 年）

	Whouse	*Incjt*	*Exp*	*Pol*	*Hukou*	*Eduf*	*Edum*	*Ocuh*	*Ocus*	*Incjt * Edu*	*Edu*^{2}	*Edu*	*Edus*
Whouse	1.00	0.06	0.22	0.13	0.09	– 0.01	– 0.04	0.08	0.15	0.10	0.06	0.06	0.01
Incjt	0.06	1.00	– 0.02	0.03	– 0.01	0.02	0.02	0.01	0.03	0.71	0.07	0.05	0.01
Exp	0.22	– 0.02	1.00	0.13	0.04	– 0.25	– 0.30	0.01	0.01	– 0.10	– 0.53	– 0.57	– 0.19
Pol	0.13	0.03	0.13	1.00	0.09	– 0.01	– 0.03	0.17	0.06	0.06	0.22	0.19	0.1

---

① 此处给出的是以各变量所有三个年份（2003 年、2005 年和 2006 年）的数据计算的相关系数。

续表

	Whouse	Incjt	Exp	Pol	Hukou	Eduf	Edum	Ocuh	Ocus	Incjt * Edu	Edu^2	Edu	Edus
Hukou	0.09	−0.01	0.04	0.09	1.00	0.05	0.06	0.08	0.04	0.04	0.19	0.20	0.09
Eduf	−0.01	0.02	−0.25	−0.01	0.05	1.00	0.69	−0.05	0.06	0.06	0.25	0.26	0.14
Edum	−0.04	0.02	−0.30	−0.03	0.06	0.69	1.00	−0.04	0.05	0.07	0.25	0.25	0.12
Ocuh	0.08	0.01	0.01	0.17	0.08	−0.05	−0.04	1.00	0.06	0.03	0.14	0.13	−0.12
Ocus	0.15	0.03	0.01	0.06	0.04	0.06	0.05	0.06	1.00	0.06	0.10	0.09	0.15
Incjt * Edu	0.10	0.71	−0.10	0.06	0.04	0.06	0.07	0.03	0.06	1.00	0.23	0.21	0.05
Edu^2	0.06	0.07	−0.53	0.22	0.19	0.25	0.25	0.14	0.10	0.23	1.00	0.96	0.25
Edu	0.06	0.05	−0.57	0.19	0.20	0.26	0.25	0.13	0.09	0.21	0.96	1.00	0.25
Edus	0.01	0.01	−0.19	0.1	0.09	0.14	0.12	−0.12	0.15	0.05	0.25	0.25	1

从表 4 - 2 中给出的结果，对最初的自变量做如下初步筛选：

（1）Eduf 与 Edum 之间存在较严重的相关性，考虑到 Edum 与因变量的相关性高于 Eduf，因而去除 Eduf 而保留 Edum 变量。

（2）Edu^2 与主要解释变量 Edu 间存在较强相关性，将其去除。

（3）Incjt * Edu 与主要解释变量 Incjt 间存在较强相关性，将其去除。

（4）Edus 与被解释变量 Whouse 间相关系数过低，故去除。

去除存在严重共线性等变量后的结果见表 4 - 3。

表 4 - 3　　　去除严重共线性变量后变量间相关系数（2003 ~ 2006）

变量	Whouse	Incjt	Exp	Pol	Hukou	Edum	Ocuh	Ocus	Edu
Whouse	1.00	0.06	0.22	0.13	0.09	−0.04	0.08	0.15	0.06
Incjt	0.06	1.00	−0.02	0.03	−0.01	0.02	0.01	0.03	0.05
Exp	0.22	−0.02	1.00	0.13	0.04	−0.30	0.01	0.01	−0.57
Pol	0.13	0.03	0.13	1.00	0.09	−0.03	0.17	0.06	0.19
Hukou	0.09	−0.01	0.04	0.09	1.00	0.06	0.08	0.04	0.20
Edum	−0.04	0.02	−0.30	−0.03	0.06	1.00	−0.04	0.05	0.25
Ocuh	0.08	0.01	0.01	0.17	0.08	−0.04	1.00	0.06	0.13
Ocus	0.15	0.03	0.01	0.06	0.04	0.05	0.06	1.00	0.09
Edu	0.06	0.05	−0.57	0.19	0.20	0.25	0.13	0.09	1.00

二、门限变量的选择及数据描述

考虑到可能存在的门限效应，我们选取微观家庭住房财产的原始价值作为划分社会财富阶层的门限变量。对社会财富阶层的划分，可采用家庭总财产、净财产、住房财产、住房净资产、总收入等代理变量。由于社会财富阶层更多是由存量财富决定的，因此家庭收入并不是一个合适的标准。进一步分析，住房作为一种重要的财富形式，在我国居民家庭财富中的比重最大，再结合数据的可得性，我们最终选择家庭住房财产 $Whouse0$（未经反双曲正弦转换前的原始值）作为门限变量。

模型各变量的描述性统计见表 4-4。

表 4-4 模型变量描述统计摘要

变量符号	平均值	标准差	变异系数（CV）	上四分位数	下四分位数
$Whouse$	0.75	0.53	0.71	0.00	1.16
$Incjt$	2.45	10.63	4.34	0.81	2.60
Exp	29.66	15.42	0.52	18.00	41.00
Pol	—	—	—	—	—
$Hukou$	—	—	—	—	—
$Edum$	3.29	3.58	1.09	1.00	6.00
$Ocuh$	—	—	—	—	—
$Ocus$	—	—	—	—	—
Edu	9.87	3.66	0.37	8.00	12.00
$Whouse0$	11.24	21.60	1.92	0.00	13.20

注：$Whouse0$ 为模型最终选择的门限变量。

第五节 实证研究

本部分的计量分析以汉森（Hansen，1999）的程序为基础，并根据本研究的模型作了适当的修改，所有参数估计、假设检验等计量分析均在 MAT-LAB 7.12 中进行。

一、模型估计

在实际分析过程中，由于各省市样本家庭户数占本地实际家庭户数的比重并不一致，为避免样本偏误，我们在具体的计量过程中采取了加权处理，即将原变量乘省市的调整系数。

本部分计量模型的估计过程为：先建立单门限模型，通过前文介绍的假设检验来判断是否存在门限效应。如不存在门限效应，则单门限模型退化为传统的线性回归模型；如存在，则继续搜索第二个门限，并进行检验，以此类推。

以表 4 - 5 中标准模型回归 V 为例，首先建立单门限回归模型，如下式所示：

$$Whouse_{it} = \begin{cases} \beta_{11}Incjt_{it} + \beta_{12}Exp_{it} + \beta_{13}Hukou_{it} + \beta_{14}Edum_{it} \\ + \beta_{15}Ocus_{it} + \beta_{16}Edu_{it} + e_{it} \qquad\qquad Whouse0_{it} \leqslant \gamma \\ \beta_{21}Incjt_{it} + \beta_{22}Exp_{it} + \beta_{23}Hukou_{it} + \beta_{24}Edum_{it} \\ + \beta_{25}Ocus_{it} + \beta_{26}Edu_{it} + e_{it} \qquad\qquad Whouse0_{it} > \gamma \end{cases}$$

$$i = 1,2,\cdots,26; t = 1,2,3 \qquad\qquad (4-16)$$

当 $Whouse0$ 作为门限变量时，仅存在 1 个门限时的检验 p 值为 0.00，因此拒绝不存在门限效应的原假设，并在此基础上搜索第 2 个门限变量。通过检验双门限模型可知，存在两个门限时的检验 p 值为 0.00，需在此基础上搜索第 3 个门限变量；通过检验三门限模型可知，存在三个门限时的检验 p 值为 0.00。以往多数关于门限模型的研究将门限的个数限定在 3 个以内，我们也参照这一做法，对于是否存在第 4 个门限不再进行搜索，而最终建立三门限回归模型[①]，如下式所示：

① 参照类似文献做法，我们将门限个数限定在 3 个以内，因此，对于是否存在第 4 个门限不再进行搜索。

$$Whouse_{it} = \begin{cases} \beta_{11}Incjt_{it} + \beta_{12}Exp_{it} + \beta_{13}Hukou_{it} \\ \quad + \beta_{14}Edum_{it} + \beta_{15}Ocus_{it} + \beta_{16}Edu_{it} + e_{it} & Whouse0_{it} \leqslant \gamma_1 \\ \beta_{21}Incjt_{it} + \beta_{22}Exp_{it} + \beta_{23}Hukou_{it} \\ \quad + \beta_{24}Edum_{it} + \beta_{25}Ocus_{it} + \beta_{26}Edu_{it} + e_{it} & \gamma_1 < Whouse0_{it} \leqslant \gamma_2 \\ \beta_{31}Incjt_{it} + \beta_{32}Exp_{it} + \beta_{33}Hukou_{it} \\ \quad + \beta_{34}Edum_{it} + \beta_{35}Ocus_{it} + \beta_{36}Edu_{it} + e_{it} & \gamma_2 < Whouse0_{it} \leqslant \gamma_3 \\ \beta_{41}Incjt_{it} + \beta_{42}Exp_{it} + \beta_{43}Hukou_{it} \\ \quad + \beta_{44}Edum_{it} + \beta_{45}Ocus_{it} + \beta_{46}Edu_{it} + e_{it} & Whouse0_{it} > \gamma_3 \end{cases}$$

$$i = 1,2,\cdots,26; t = 1,2,3 \qquad\qquad (4-17)$$

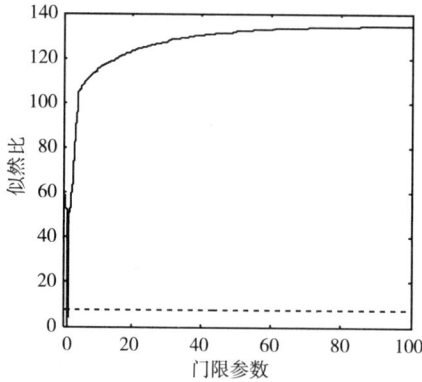

（a）单门限模型门限估计值置信区间构建

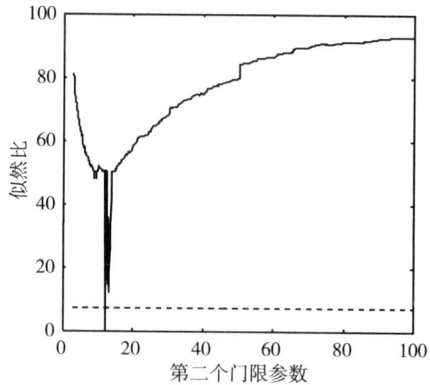

（b）双门限模型门限估计值置信区间构建

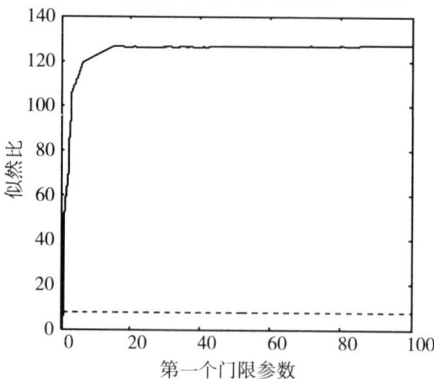

（c）双门限模型门限估计值置信区间构建

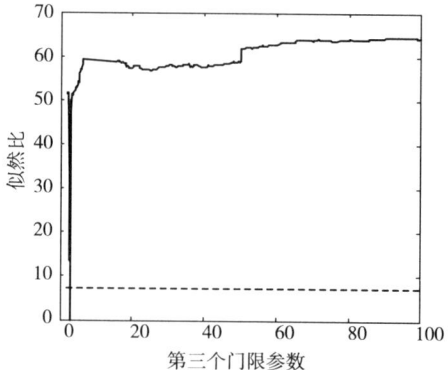

（d）三门限模型门限估计值置信区间构建

图 4 - 3　门限值及置信区间

由前文可知，对门限值 γ 做似然比检验可求出 γ 的置信区间。似然比统计量与门限值之间的关系如图 4 – 3 所示，图中横线表示 95% 的置信水平。其中的四幅图依次显示了从单门限模型到三门限模型的各门限值的变化过程，其中，图 4 – 3（b）和图 4 – 3（c）表示双门限模型中两个门限的置信区间，较小的门限值为 0.66，置信区间为（0.63，0.75）；中间门限值为 2.73，置信区间为（2.73，2.75）；较大的门限值为 9.54，置信区间为（9.54，9.69），区间均较窄，表明三个门限估计值都很显著。

上述三个门限值将样本家庭按照住房财产值划分为 4 个区间，其中区间 1 是住房财产值小于 0.66 万（2006 年价格，下同）的家庭，从数量上看，该类家庭数量约占全部样本的约 1/3；区间 4 是住房财产值大于 9.54 万的家庭，该类家庭的数量占全部样本的比重也大约为 1/3；剩余约 1/3 样本分布在两个中间区间。

由于门限模型以高斯—马尔科夫经典假设为基础，因此需对模型的残差做正态性检验。通过残差的直方图、QQ 图可知，模型的残差符合正态分布。从最终选入模型的各解释变量与残差相关系数看，模型不存在严重内生性。

二、模型的稳健性检验

如表 4 – 5 中列出的相关结果，本节中，我们从两个方面对估计结果作稳健性检验：一是通过剔除解释变量的方式检验估计结果对解释变量选择的敏感性；二是用分年的样本观测值做回归的方法来检验估计结果对样本的敏感性。

表 4 – 5 模型的参数估计结果

变量名	区间	回归 I	回归 II	回归 III	回归 IV	回归 V（标准）	回归 VI	回归 VII	回归 VIII
Incjt	区间 1	0.000	0.005 **	0.000	– 0.000	– 0.000	– 0.006 ***	– 0.002 *	– 0.000 *
Exp		0.001 ***	0.011 ***			0.001 ***	0.002 ***	0.001 ***	0.001 **
Pol		0.000	0.022	0.008	0.007	– 0.001	– 0.027	0.014	– 0.013
Pol2					0.009	0.001 *	0.097 ***	0.001	0.025 *
Hukou		0.007	0.044	0.037 ***	0.035 ***	0.006	– 0.039 ***	0.026 ***	0.020

续表

变量名	区间	回归I	回归II	回归III	回归IV	回归V（标准）	回归VI	回归VII	回归VIII
Edum	区间1	-0.001	-0.006**	-0.001**	-0.001**	-0.001***	-0.000	-0.005***	-0.001
Ocuh		-0.010*							
Ocus		0.009	0.175***	0.016**	0.016**	0.008	0.019*	0.002	0.005
Edu		0.001*	0.038***	0.000	0.000	0.001	0.004***	-0.000	-0.001
Incjt	区间2	0.020**	0.020**	0.031***	0.012**	0.018**	0.009**	0.037***	0.002
Exp		0.008***	0.008***			0.008***	0.009***	0.008***	0.013***
Pol		-0.121***	-0.121***	-0.072**	-0.06***	-0.123***	-0.097**	-0.150**	-0.008
Pol2					0.065***	0.024***	0.098***	0.028	0.003
Hukou		0.064**	0.064**	0.306***	0.421	0.063**	0.056*	0.121**	0.053
Edum		0.012***	0.012***	0.012***	0.009***	0.012***	0.008***	0.012**	0.021***
Ocuh		0.000							
Ocus		0.027*	0.027*	0.051**	0.053***	0.028**	0.044***	0.018	0.023
Edu		0.029***	0.029***	0.029***	0.039***	0.029***	0.032***	0.026***	0.046***
Incjt	区间3	0.005**	0.01**	0.009**	0.008***	0.005***	0.001	0.016***	0.000
Exp		0.011***	0.006**			0.011***	0.011***	0.010***	0.015***
Pol		-0.108***	0.011***	-0.064***	-0.046*	-0.105**	-0.099**	-0.095**	-0.126**
Pol2					0.052**	0.033***	0.116***	0.034	-0.029
Hukou		0.140***	-0.105***	0.491***	0.755***	0.137***	0.169***	0.211***	0.250***
Edum		0.010***	0.142***	0.004**	0.002*	0.011***	0.012***	0.007***	0.009***
Ocuh		0.018	0.010***						
Ocus		0.032**		0.047***	0.019***	0.034***	0.037***	0.029*	0.031
Edu		0.046***	0.034**	0.043***	0.043***	0.045***	0.039***	0.043***	0.055***
Incjt	区间4	0.003**	0.003**	0.004**	0.001***	0.003**	0.010***	0.005***	0.001***
Exp		0.014***	0.014***			0.014***	0.015***	0.010***	0.018***
Pol		-0.155***	-0.155***	-0.057**	-0.228*	-0.154**	-0.126**	-0.129**	-0.455**
Pol2					-0.057	0.008	-0.035	0.051	-0.167**
Hukou		0.249***	0.249***	0.717***	0.529***	0.248***	0.237***	0.385***	0.089
Edum		0.010***	0.010***	0.002	-0.003	0.010***	0.016***	0.005	0.013*
Ocuh		0.001							
Ocus		0.026*	0.026*	0.029*	0.078*	0.026**	0.031*	0.039*	0.063
Edu		0.060***	0.060***	0.053***	0.096***	0.060***	0.051***	0.054***	0.110***

续表

变量名	区间	回归 I	回归 II	回归 III	回归 IV	回归 V（标准）	回归 VI	回归 VII	回归 VIII
R^2		0.93	0.93	0.87	0.87	0.93	0.93	0.92	0.93
较小门限估值		0.75	0.75	0.75	0.75	0.75	0.70	0.87	0.80
中间门限估值		2.75	2.75	2.97	2.97	2.75	2.73	3.91	8.05
较大门限估值		12.1	12.1	9.54	9.54	12.09	11.6	13.1	50.0

注：（1）回归 I 为分析的初始模型；回归 II 到 VII 是对回归 I 的稳健性检验，其中，回归 II 到 III 分别是在回归 I 的基础上逐步剔除 Ocuh 和 Exp 变量的结果摘要，回归 IV 则是在回归 3 基础上新增 Pol2 变量的结果摘要；通过比较回归 I 到 IV 的优劣，最终选定回归 V 作为标准模型；回归 VI、VII、VIII 则分别是以 2003 年、2005 年、2006 年的数据作为样本对标准模型估计的结果摘要。（2）估计结果中 ***、**、* 分别代表 1%、5%、10% 显著性。

1. 估计结果对解释变量选择的敏感性分析

模型 I 将所有相对没有严重共线性的潜在变量都引入了方程，在此我们用逐步剔除或增加一些变量的方法来考察模型的稳健性。

模型 II 是在模型 I 的基础上剔除了 Ocuh 变量，原因是该变量几乎在所有区间都不显著（仅在第一区间通过了 10% 显著性检验）。从模型 II 与模型 I 的对比，剔除该变量后模型的 R^2 几乎没变，三个门限估计值都保持一致，各变量的估计系数正负基本没有变化，而显著性水平则有一定提升。

模型 III 是在模型 II 的基础上进一步剔除了 Exp 变量，原因在于该变量与变量 Edu 之间存在一定的共线性（相关系数为 −0.57），但考虑到理论上经验也是解释住房财产的重要因素，最初还是将其放入了模型 I。不过，为了进一步考察模型 I 结果的可靠性，模型 III 考察了将该变量剔除后的估计结果与之前模型的差异。比较模型 III 与模型 I 和 II 的估计结果，可以看出，剔除该变量后模型的 R^2 由 0.93 降低到 0.87；前两个门限估计值基本一致，第三个门限估计值略有差异；此外，变量系数的正负号和显著性没有显著差异，基本保持稳定。这表明进一步剔除 Exp 变量后模型仍然保持了较好的稳定性，但 R^2 的显著降低也表明该变量确实是个重要变量。

模型 IV 是在模型 III 的基础上进一步增加了 Pol2 变量，增加该变量的主要原因是在模型 I 到 III 中，Pol（党员身份）在各区间的估计系数多显著为负，与理论预期不符。我们认为，造成这种现象的原因可能是，由于近几十年来，党员队伍的不断扩大，党员队伍中高职位、高地位、高薪水的党员比重却显著降低，因此，与过去党员更多地象征高职位、高地位、高薪水的状况不同，目前党员队伍中绝大多数党员与普通人群并无显著差异，以致 Pol 的系数出现与预期不相符的结果。为此，我们考虑新增代表一定地位的 $Pol2$ 变量〔即拥有政治级别（大中型城市处级及以上，其余地方科级及以上），或在国有、集体企事业单位拥有中层及以上管理职位或中级及以上技术职称的党员〕。比较模型Ⅳ与模型Ⅲ的估计结果，可以看出，新增 $Pol2$ 变量后，$Pol2$ 的估计系数多数为正，符合理论预期，而包括 Pol 变量在内的其余变量估计系数正负号和显著性则没有显著差异，模型的 R^2 及三个门限估计值均基本一致，表明进一步增加 $Pol2$ 变量后模型仍然稳定，估计结果也更加符合理论预期。

综上所述，我们认为在原始模型Ⅰ的基础上，需保留 Exp 变量，增加 $Pol2$ 变量，但需去除 $Ocuh$ 变量，经上述调整后，模型的回归结果见表 4 – 5 回归Ⅴ。比较发现，回归Ⅴ与之前几个回归间具有较大一致性，且更加符合理论预期。

2. 估计结果对样本的敏感性分析

将回归Ⅴ作为标准模型，进一步分别以 2003 年、2005 年和 2006 年的数据为样本对标准模型进行了估计，结果摘要见回归Ⅵ、Ⅶ、Ⅷ。从分年样本对标准模型的回归结果看，与标准模型相比，各变量的估计系数正负号和显著性没有显著差异。

以上敏感性分析表明，标准模型具有较好的稳定性，可以以此为基础进行相关结果的实证分析。

三、实证结果的经验分析与相关讨论

本部分的讨论若无特别说明，均以表 4 – 5 中的回归Ⅴ为基础。

1. 从"家庭"而非单纯"户主"角度解释中国家庭住房财产具有重要意义

如表 4 – 5 所示，经过严格的共线性处理、稳健性检验后，发现除户主信息外，家庭收入、户主母亲的受教育程度、配偶的职业收入水平等三个变量的估计系数在绝大部分情况下都通过了显著性检验，而且为正，这说明上述变量都是我国城镇家庭住房财产积累的重要解释变量，因此，从"家庭"而非单纯"户主"角度解释中国家庭的住房财产分配具有重要意义。

以往研究多从户主角度解释家庭住房财产问题，但家庭住房财产显然是所有家庭成员（包括父母）的特征综合作用的结果。首先，代际转移对收入和财富不平等的影响已为大量文献所充分揭示，在当代社会，城镇家庭尤其是年轻人组建家庭购买住房时，首付多由双方父母部分或全部支持，这是很有中国特色的一个现象。根据"北京市青年住房状况调查"的结果，在拥有自有住房的家庭中，在父母支持下的贷款购房占全部调查家庭的49.2%，接近总体的一半，由父母全额为其购置住房家庭的占比也高达26.1%[①]，代际转移因素在家庭住房财产积累中的重要性之高由此可见。其次，也有大量文献给出的经验证据表明，个人的教育、职业、收入，以及其他特征等都与其父母特征存在密切的关系，而这些特征都对其财富积累有着或大或小、直接或间接的影响。最后，不但户主，户主配偶在教育、党员身份、职业、收入等方面的特征也是家庭住房财富积累的重要影响因素，其作用在某些情况下甚至比户主还重要，因此是分析家庭住房财富积累行为所不可或缺的因素。

综上所述，本研究的结果充分证实，住房财富积累是一个典型的"家庭故事"，已有文献仅以户主特征来解释家庭的财富积累行为显然是有问题的，抛开户主背后复杂多样的家庭因素很难为家庭财富积累行为提供可靠和完备的解释。

2. 具有中国特色的户籍制度加剧了城镇家庭住房财产的不平等

由表4-5可知，综合户籍变量在回归Ⅰ到回归Ⅷ中各区间的估计结果，可以发现，在绝大多数情况下户籍变量的估计都显著为正，多数系数的显著性水平达到1%，而且大多呈现出户籍变量回归系数随家庭财富阶层的提高显著变大的趋势。以标准模型Ⅴ为例，除区间1（住房财富值最少的家庭）户籍变量的回归系数为正但不显著外，其他类型家庭的回归系数均在1%的

---

① 廉思. 青年蓝皮书：中国青年发展报告（2014）No.2——流动时代下的安居［M］. 社会科学文献出版社，2014

显著性水平上显著为正，而且随着家庭财富阶层的提高，户籍对家庭住房财产积累影响的力度也明显加大，区间 2 中户籍变量的系数达到 0.063，区间 2 中的系数进一步增大至 0.137，区间 3 则最大，达到 0.248，由此，具有中国特色的户籍制度起到了加大住房财产的不平等。

上述结果最为直接的含义就是，拥有城镇户籍意味着拥有相对更多的住房财产，因此，我们的计量分析结果为户籍差异对家庭住房财富积累的影响提供了直接的经验证据。这也与现实中的情形一致，同样以比较具有代表性的北京为例，"北京市青年住房状况调查"的结果显示，北京城镇户籍的青年人才中，自有住房的比例接近三成（27.8%），远高于非城镇户籍者 7.1% 的水平。对于户籍变量的回归系数随家庭财富阶层的提高不断变大的结果，我们认为，其中的可能原因在于，住房财富越多的家庭，其获得城镇户籍的年代越早，而早获得城镇户籍则有更大的可能能够享受早期公房改革的房产财富转移，而且也能够享受房改后房价持续上涨的增值收益，因此出现财富阶层越高，户籍因素影响越大的结论。因所用家庭微观数据并未提供家庭成员获得城镇户籍年份的信息，因此上述讨论也仅是一种猜测，此处也未能展开更为深入的讨论。

户籍制度是中国最重要的社会制度之一，由于长期以来的二元经济发展模式，城镇户籍公民与农村户籍公民之间因户籍差异而在就业、收入、教育、医疗、养老等各个方面的待遇存在巨大的差异。在更为特殊的住房分配领域，城镇户籍公民与农村户籍公民待遇之间的差异尤其明显。20 世纪末我国城镇居民住房分配体制改革之前，具有城镇户籍的居民大多能够以非常之低的成本租住公房，住房分配体制改革之初，以成本价向城镇居民出售公房且购房款由政府、单位以及公民各承担 1/3 的方式，使得广大城镇居民获得了巨大的住房财富一次性转移，住房分配改革体制完成后，虽然城镇户籍公民的住房福利待遇明显减少，但相对于农村户籍公民，不但仍有经济适用住房、廉租房等之类的福利可以争取，其购房也可以享受住房公积金和商业贷款等诸多支持政策，而且也充分享受了巨大的房产溢价收益。反观不具城镇户籍的农村户籍公民，不讨论其他方面，在住房问题上，不论城镇居民住房分配体制如何变化，也不论其生活在城镇、农村，是否在城镇从事与城镇居民一样的工作，农村户籍公民的住房自始至今一直都是无任何政策性福利的"一切自行解决"方式，城镇住房分配体制改革后，长期居住、工作在城镇的农村户籍居民不但未能享受到房价上涨的好处，反而使得这部分人解决住房问题的难度越来越大。

3. 普通党员含金量并不高，只有具备一定领导地位或职称较高的少数党员在住房持有上占优

模型中有 2 个与党员身份有关的代理变量，即 *Pol*（党员身份）和 *Pol2*（具有一定领导地位或职称较高的党员身份），综合两个变量在回归 I 到回归 Ⅷ 中各区间的估计结果情况，可以发现几个有意思的现象：

（1）*Pol* 在各区间的估计系数多显著为负。如前所述，党员身份可能与个人所能够掌握的权利资源、职业、收入等多种因素紧密相关，是否具有党员身份可能意味着显著的福利待遇差异。但本研究的计量估计结果则给出了与预期相反的结论：在微观家庭住房财富持有方面，党员身份并不占有优势，甚至还有负面作用。这是一个值得进一步思考的问题，出现上述结果的原因之一很可能是近年来党员来源的广泛化，1921 年中国共产党一大时仅有 53 名党员，此后党员队伍一直保持不断扩大的趋势，1927 年发展到近 6 万名，1949 年新中国成立时党员达到 449 万人，1956 年八大时首次突破 1000 万，至 2012 年底党员总数达 8513 万人，在总人口中的比重达到 6.17%。近年来党员数量的持续扩张，来源的社会阶层日益广泛，以致总体上党员群体政治资本的含金量持续锐减，不具领导岗位、重要职位而只有党员身份的普通党员构成党员队伍的绝对主体，大多数党员也因此而未能在收入和财富积累层面显著区别于一般群众。党员身份变量出现负系数结果的另一个原因可能在于，党员更多地集中于各级党政机关、事业单位以及基层组织等，相对于企业，上述各类单位的平均收入水平明显偏低，由此导致党员群体的住房财富积累速度不及平均水平。

（2）鉴于普通党员所表征的政治资本含金量降低，我们增加了代表一定地位的 *Pol2* 变量，并对两个变量的估计结果进行对比分析。从模型 Ⅳ 与模型 Ⅷ 的估计结果，可以看出，*Pol2* 的系数多数为正，符合理论预期，而 *Pol* 变量的估计系数在多数区间仍然显著为负，两者间存在显著差异，由此，单纯的党员身份变量并非住房财富积累的理想解释变量，而是否拥有一定的地位才是家庭住房财产积累的关键影响因素。

值得注意的是，综合模型Ⅳ与模型Ⅷ的估计结果，不同区间 Pol2 变量的系数也存在较大的差异，其中在区间 1、2、3 中，Pol2 变量对微观家庭住房财产的积累有着十分显著的正向影响，而且影响系数随家庭财富阶层的提高而增大，仍以标准模型 V 为例，在区间 1、2、3 中，Pol2 变量均通过 1% 显著性检验，影响系数在区间 1 仅有 0.001，而在区间 2、3 中则分别达到 0.024 和 0.033，说明具有一定地位的党员身份显著有利于家庭的住房财富积累，而且家庭财富阶层越高，具有一定地位的党员获取住房财富的能力越大，其中隐含的意义可能是，同样是具有一定地位的党员，相对富有家庭的党员所处的平台或拥有的地位更高，权力也更大，因此收入水平更高，获取包括住房在内福利的能力也相应地更强。与预期不符的是，在住房财富最多的阶层，Pol2 变量的系数不但大多不显著（模型Ⅳ至模型Ⅶ），甚至还出现了显著的负向影响（模型Ⅷ），对此，我们认为其中的可能原因在于，虽然总体而言，具备一定地位的党员身份对家庭住房财富积累有利，但在当今以市场经济为主体的社会中，在全社会最富裕的阶层中，最富有的大多是企业家、创业成功者家庭等，而具有官职或行政级别党员的家庭并不占优，由此导致 Pol2 变量的系数不显著甚至显著为负结果的出现。

4. 教育水平对住房财产积累影响的"门限效应"显著，而且表现出明显的"上扬曲线"特征

本部分最终的计量模型中涉及两个教育水平相关变量，即户主教育水平和户主母亲的教育水平，对于后者，除在区间 1 没有出现预期显著为正的系数外，其他区间大都显著为正，说明父代的受教育状况对子代家庭的住房财富积累有一定积极作用，从系数为正的区间 2、3、4 的对比，不同区间系数的大小变化不大，说明不同住房财富阶层中父代受教育水平对子代家庭住房财富积累影响的差异不大。

不同于户主母亲的教育水平，户主教育水平的估计系数几乎在所有模型和所有区间均显著为正，而且随家庭财富阶层的提高逐渐增大，因此，户主教育水平变量对家庭住房财产的影响呈现出显著的门限效应，而且随住房财富阶层的提高而表现出明显的"上扬曲线"特征。以标准模型 V 为例，除在家庭住房财富最少的区间 1 外，其他区间的估计系数均为高度显著的正值，说明在同一社会财富阶层内，知识对住房财产积累确实具有十分显著的正向作用，另外，随着家庭财富阶层的提高，估计系数越来越大，其中区间 2 为 0.029，区间 3 则进一步增大至 0.045，区间 4 最高，达到 0.060，不但门限效应显著，而且呈现出明显的随家庭住房财富阶层的提高而提高的"上扬曲线"特征，这暗示知识对穷人跨越社会财富阶层的作用有限。

上述结果说明，在中国，教育在不同的财富阶层有着显著不同的回报率，越是富裕阶层的人群，其接受教育的边际收益越大，回报率也越高，意味着越是富裕的人群读书越有用。教育的回报率直接影响着教育投资的意愿，既然越富裕的人群接受教育越有用，进行教育投资的积极性就更高，这个群体的教育水平也就越来越高。对于贫穷人群则恰恰相反：低回报预期导致较低的教育投资，进而导致更低的受教育水平。近年来，社会广泛关注的重点大学农村籍学生占比越来越低就是一个实例。受教育水平的显著差异最终导致不同财富阶层积累财富能力的差异，财富不平等由此进一步扩大，教育不平等与住房财富不平等之间相互加剧的恶性循环由此形成。

自古至今，教育在"改变人生"的理想中一直被赋予相当重要的地位，在中国，"教育改变命运"尤其为所全社会所广泛认可和接受，而在社会学和经济学理论中，教育也被视为改善包括收入和财富分配差距在内的社会差距的重要途径。但本研究的计量结果则提供了一个相反的结果，教育不但没有显示出应有的促进住房财富平等的作用，反而可能是近年来我国城镇家庭住房财富不平等的重要原因之一，而且可能因不同财富阶层教育回报率的显著差异，以致教育与财富差距扩大之间形成了某种内生性的相互影响机制。

需要强调的是，虽然本研究的计量分析结果证实了教育对加剧住房财富不平等的作用，但却并不能因此而否定教育对个人价值提升的积极作用，教育加剧住房财富不平等的原因并不在于教育本身，而在教育之外。

一是教育本身存在着广泛的不平等，体现在不同社会和家庭背景的个人在受教育机会、层次、质量方面的显著差异，比较典型的例子是教育的地区差异、城乡差异以及城镇内部的差异。

二是同等受教育质量和程度在回报率方面的差异，这在高校毕业生就业方面的体现尤为显著。20 世纪 90 年代我国的高校毕业生就业分配体制改革前，一直是采用国家包分配的做法，这种方式下，同等受教育质量和程度的高校毕业生就业机会差异很小，加上当时计划经济为主的模式下不同单位工资之间的差异不大，家庭财富积累缓慢，因此不同人群受教育回报率之间的差异也很小，这也是我们的计量模型中，代表父代受教育状况的户主母亲受教育水平虽然对子代家庭的住房财富积累有一定积极作用，但在不同财富阶层家庭影响之间差异不大的重要原因。高校毕业生就业分配体制改革后，就业通过市场解决，这一改革确实提高了人才资源的配置效率，但与此同时，在通过市场自主择业的过程中，个人借助其能够运用的各种社会资源获取更好工作机会的可能性也显著增加，而个人所在的家庭所拥有的各种社会关系就是其中最为重要的一种。在近年来中国贫富差距迅速扩大的背景下，不同阶层家庭社会关系网络之间的分化也日益严重，以致同等受教育水平的个人因家庭背景的差异而在就业机会的获取上出现显著的差异，最终导致了随财富阶层上升而显著提高的教育回报率。

5. 经验对住房财产积累的影响与教育类似，但"上扬曲线"平缓得多

综合表4-5中的结果发现，与教育对住房家庭财产积累的影响类似，户主经验变量（Exp）的估计系数在所有模型和所有区间均显著为正，说明经验积累对所有家庭的住房财产积累都有着显著的积极效应，而且随家庭财富阶层的提高，影响系数逐渐增大，呈现出显著的门限效应。

需要注意的是，相对于教育对不同阶层家庭的影响，经验变量对不同阶层住房财富积累影响的"上扬曲线"要平缓得多，这是一个值得注意的结果：虽然经验的回报率也存在随住房财富阶层的上升而提高的趋势，但不同财富阶层之间的差距要小得多，如果经验回报率的差异是因不同财富阶层从事的行业或所在地区等方面的系统性差异所致，则其背后不公平并不明显，教育则不同，刨除行业和地区差异因素，受教育回报率之间的显著差异更多反映的是不同财富阶层人群因社会资源差异而导致的就业机会等选择差异，因此是社会不公平的直接反映。

最后，从教育与经验回报率在不同财富阶层之间的对比看，一个显而易见的结论是，在较贫穷阶段，经验对住房财富积累的作用更为重要，因此，对于这类家庭，尽早参加工作多积累经验比多读几年书是更理性的选择，但与教育的影响类似，经验积累对穷人跨越财富阶层的作用同样是有限的。

第六节　本章小结

近年来，我国城镇家庭住房财产不平等经历了前所未有的扩大，我国也因此成为全球住房财富分配实践中一个极为特殊而又典型的样本。本章中，我们利用全国 26 个省市 2003 年、2005 年、2006 年的微观家庭调查数据，通过建立面板门限模型并内生划分不同财富阶层，从家庭角度对我国城镇家庭住房财产积累的影响因素进行了实证研究，结果表明，转轨时期影响我国城镇家庭住房财产积累的因素十分复杂，既有户籍、党员身份等非市场因素，也有家庭收入、教育、职业、经验等市场化因素，具体结论包括：①从"家庭"而非单纯"户主"角度解释中国家庭住房财产具有重要意义；②具有中国特色的户籍制度加剧了城镇家庭住房财产的不平等；③普通党员所表征的政治资本含金量并不高，只有具备一定地位的少数党员在住房持有上占优；④教育水平对住房财产积累影响的"门限效应"显著，而且表现出明显的"上扬曲线"特征，意味着越富裕的人群读书越有用；⑤经验对住房财产积累的影响与教育类似，但"上扬曲线"平缓得多。

总之，转轨时期的中国，在住房分配机制上并存着市场化因素和非市场化因素，两者既存在此消彼长的关系，也相互叠加与融合，使得中国住房财产分配不平等现象变得十分复杂。

需要指出的是，本部分的研究还存在一定不足。本章对影响城镇家庭住房财产的几种重要因素做了研究，尝试找出决定住房财富的重要原因，对于实证研究结果与理论预期或经验判断不一致的一些地方作了原因推测，但未能对这些解释进行深入的实证检验，这预示着进一步研究和实证工作的必要性。另外，样本时期数较短等也是需要进一步改进的问题。

下篇　房地产经济波动的经济增长与收入
　　　分配和贫富分化效应研究

第五章

国内外关于房地产波动
影响研究的文献评述

　　上篇中，我们从城镇家庭的角度，考察了近年来我国房地产快速发展过程中，城镇家庭住房财产的分配状况及影响因素。本篇中，我们将从更为一般的视角出发，引入目前较为流行的可计算一般均衡模型，通过建立房地产与宏观经济、产业、政府、企业、家庭以及国外等部门之间的联系，以考察房价这一核心变量变动的影响为观察窗口，全面系统考察房地产经济波动的经济和社会影响。

　　选择房价变动影响作为观察房地产波动影响的窗口，是基于如下考虑：房地产波动最为明显的表现就是房地产投资和房价的大幅波动，学者们一般也是从房地产投资或房价的角度，对房地产波动的影响进行研究，这其中一个非常重要的问题是，对房地产波动影响考察的内容不仅要包含所考察年份房地产投资和新建住房价格的波动，往年形成的巨大存量住房价格的波动当然也要考虑在内，因为这存量住房虽然在前期形成，但其价格波动对整个社会的金融、通货膨胀、居民消费等都有着非常重要的影响，有时存量住房价格波动影响的范围和力度甚至超过当年房地产投资和房价波动的影响。在考察房地产波动影响的问题上，如果选择房地产投资波动的影响为观察窗口，对于存量住房，因与存量住房相关的投资因早已完成，这部分并不能被包括在内，因此也就只能考察当年房地产投资波动的影响，这样分析的结论显然是不全面的，这也是目前为止多数已有文献存在的重要缺陷。而如果以房价变动的影响为视角进行分析，就不会存在这一问题。

在研究展开之前，首先有必要对国内外关于房地产波动对经济社会发展影响问题的已有研究成果进行回顾和梳理，以为本部分的研究奠定文献基础。正如我们在第二章的总结，房地产资产所具有的诸多特殊属性使得房地产业显著不同于一般性行业，房地产波动对经济社会发展的影响也更加广泛和深远。本章中，考虑到房地产波动对经济社会影响的上述特征，为更加清晰地总结已有的研究成果，我们将从房地产与金融、房地产与宏观经济、房地产波动对产业层面的经济影响、房地产波动对居民部门的影响等几个方面，对国内外已有相关文献进行梳理。

第一节　国外房地产经济波动影响的研究现状

相对于对经济发展对房地产市场运行影响的研究，目前国外学者对反向影响机制，即房地产波动对经济发展影响的研究要少得多，而且系统性与深入性也相差较大。勒恩（Leung，2004）和勒默（Leamer，2007）都曾经指出，在对经济周期的分析和研究中，房地产市场与宏观经济之间的互动关系没有被给予足够的重视。据勒恩（Leung，2004）的总结，在 *Origins of macroeconomics* 等多部作出重大理论或应用创新的专著或论文集中，除费希尔（Fisher，1933）和卡恩（Kahn，1931）外，再也难以找到与房地产市场直接相关的文献，这体现了宏观经济及房地产市场研究之间的明显脱节。

一、房地产与金融

房地产行业及房地产资产所具备的诸多特殊性使得其对金融与经济稳定影响显著，这也是其在经济波动中备受关注最为重要的原因之一。如上所述，费希尔（Fisher，1933）较早从资产价格膨胀对金融稳定影响的角度出发创立了"债务—紧缩"理论（debt-deflation theory），得出资产价格膨胀可能导致信贷过度并引发金融体系不稳定的结论。时隔近50年之后，米尼斯基（Minsky，1982）将信息因素纳入费希尔（Fisher，1933）的"债务—紧缩"理论，从信息不对称角度提出了"金融脆弱性"假说，认为信息的不对称会加剧资产价格波动和资产的解困出售，这会降低资产价值并相应地增加债务人的实际负债，而这又会进一步加剧资产的出售，由此形成资产的解困出售与资产价值降低的恶性循环，并最终可能引发金融危机。

近年来全球资产价格的剧烈波动对世界各国的经济和社会发展都产生了深刻的影响，这些都进一步激发了各国学者对房地产与金融及经济运行之间关系进行研究的兴趣。相关文献从银行资本金、银行负债、借贷人等角度考察了资产价格波动对金融稳定的影响，对这部分文献的主要内容可参见国内学者谭政勋等（2011，2012）的系统总结。

对于从金融之外的其他角度考察房地产与宏观经济的关系，相关研究在2000年前后开始陆续出现。从总体看，从房地产市场价格波动和房地产投资对宏观经济影响的研究数量较多，也比较具有代表性。

对于房地产价格波动与宏观经济之间的相互关系，已有研究选取房地产价格指数、土地价格、房地产股票价格等变量，运用格兰杰因果关系检验、协整和误差修正模型、VAR、脉冲响应函数、方差分析，以及 HP（Hodrick Prescott）滤波等方法的研究表明，房地产指数、土地价格等与股指之间在协整关系（Myer et al.，1999；Kim，2003）；就房地产价格的周期性波动与宏观经济波动之间滞后和领先关系的特征来看，住房价格的波动一般先于宏观经济的波动，相对于金融部门，住房价格的波动与宏观经济之间的联系更为紧密（Brooks，Tsocalos & Lee，2000；Pholphirul & Rukumnuaykit，2009；Hon-Chung Hui，2013；Wang，2000）；住房资产价值的波动是经济周期波动的加速器（Case，2000），等等。也有个别研究建立经济增长模型考察了房地产价格波动对经济增长的影响，通过建立能够体现住房消费和投资双重属性的内生增长模型，在住房和其他资产不完全替代的假设条件下，证明了城市经济长期的内生增长率依赖于住房和其他资本的相对价格（Brito & Pereira，2002）。

二、房地产与宏观经济

对于房地产与宏观经济变量之间的关系，相关研究在2000年前后陆续出现。从总体看，运用简单统计分析或局部均衡分析的经验研究居多，对房地产波动经济影响深入系统的综合性考察较少。

通过投资带动经济增长是房地产影响宏观经济的重要渠道之一，目前国外大多文献通过这一角度来考察房地产与宏观经济之间的关系。对此，绝大多数基于计量经济分析的文献表明，在经济发展过程中，住宅投资占国内生产总值的比重呈现先上升后下降的规律，拐点非常明显而且能够精确度量（Burns et al.，1977）；"二战"以来美国所经历的 10 次经济危机中有 8 次能够先看到住宅投资的大幅降低，因此住宅投资是判断经济周期下行的最好的信号（Leamer，2007）；一些基于 Granger 检验和多元 VAR 模型的经验研究表明，住宅投资对宏观经济的影响要显著大于非住宅投资（Green，1997；Coulson & Kim，2000；Bisping & Patron，2008）；一项基于商业周期模型研究的结论表明，在经济开始复苏阶段，住宅部门的投资能够显著带动其他部门的投资，由此帮助经济走出萧条（Jin & Zeng，2003）；另有研究在新古典主义的框架下构建了一个能够区分住宅投资和非住宅投资且包括建筑业、服务业以及制造业等多部门的动态一般均衡模型，并基于这一模型考察了美国住宅投资波动与各宏观经济变量之间关系的特征，发现住宅投资和非住宅投资与 GDP 和消费等各变量之间都是顺周期的或正相关关系，住宅投资领先于经济周期，而非住宅投资则滞后于经济周期（Davis & Heathcote，2003）。

一些就房价与其他宏观经济变量之间关系的研究结论表明，房价与股指之间存在协整关系（如 Chaudhry et al.，1999）；房价波动一般领先于宏观经济波动（Brooks et al.，2000；Pholphirul et al.，2009）；房价波动是经济周期波动的加速器（Case et al.，2000）；等等。

三、房地产经济波动对居民部门的影响

房地产经济波动对居民生活有着显著而且深入的影响，其中最为直接的体现之一，就是房地产价格波动对收入和贫富差距的影响，因此应该是国内外学者重点关注和研究的内容。但国外大多数相关文献都集中在对房地产价格波动财富效应的研究上，由于相关数据可得性等方面的原因，专门对房地产波动对居民收入分配或贫富差距影响的研究还非常少见，而且也不够深入。

在文献梳理的过程中我们发现，在对居民一般性财富或资产分配状况及

其影响的问题上，国外学者做了很多有益的研究，从不同类型财富对居民影响的机制和研究方法来看，住房与金融等资产对居民的影响在很多方面具有共性，出于这一考虑，为更好地借鉴国外学者的研究，此处对国外文献的回顾主要集中在财富分配及其对居民部门的影响方面。

已有大量事实和证据表明，财富分配的初始不平等对收入和财富分配有着重要的影响，而在收入来源不断多元化、收入结构更趋复杂的情况下，与财富相关的财产性收入差距的极度放大以及因财富状况不同而对不同个体的影响，使得初始财富分配对收入和财富分配的影响更加重要。对财富不平等动态演化机制的研究表明，财富分配的初始不平等对收入和财富分配有着重要的影响，其中的影响机制涉及持续性的个人能力差异、利率和信贷市场的不完善、生产函数的资本边际报酬性质、职业选择和经济人的劳动供给决策，以及教育或人力资本投资等，对此，可参见国内学者王弟海（2009）的系统总结。

在理论和经验研究方面，财富初始分配对收入及总财富分配的影响也得到很多文献的支持，其主要影响机制之一就是资产价格的波动。一些代表性研究的结论包括，社会分层的剩余理论（the surplus theory of social stratification）即财富流入富有家庭的倾向，可以用来解释财富分配的不平等（Angle，1986，1993）；不考虑其他因素的变化，当某种特定资产的价格上涨时，拥有该类资产的个人或家庭就会变得更加富有，由于富人比穷人更可能持有房产，当房地产市场繁荣使得房产价值普遍上涨时，那些拥有住房或者其他房地产的人的净资产就会相应地增加，财富的集中度由此进一步提高，房产财富的不平等程度越高，其价格变动对财富不平等的影响就会相应地越大（Smith 1987；Wolff，1987；Holloway，1991；Winnick，1989；Kennickell et al.，1997）。一些基于定量分析的经验研究发现，家庭财产性收入差距是导致1975～2000年美国收入差距扩大的首要原因（Pryor，2006）；住房和股票等金融资产价格的变动是期间美国居民财富分配不平等变动的主要影响因素（Wolff，1992）；1960～2000年美国城市的新建住宅越来越多地被社会富裕阶层占有，在购买新建住宅的居民中，不同收入等级家庭之间的收入存在明显的分化趋势，这种变化使得20世纪末美国城市收入不平等更加恶化（Dwyer et al.，2007）；1985～1991年，英国相当大部分住房价格上涨带来的资本收益都流入了住房所有者的手中，居民住房财富的不平等程度明显增加（Henley，1998）；住房和财富的积累能够反映更为广泛的社会分层过程（Lewin-Epstein et al.，1997，2000）；若将估算的住房相关收入加入家庭收入，澳大利亚居民收入的不平等程度会进一步提高（Yates，1994），而对俄罗斯的研究发现，将估算的住房租金收入加入家庭收入后，收入的不平等程度会明显地降低，说明苏联及俄罗斯长达70年的社会主义住房分配体制对缩小居民收入分配差距起到了很大的积极作用（Buckley et al.，1997）；一项基于可计算一般均衡模型（computable general equilibrium，CGE）模型对住房供给对区域经济增长和收入分配影响的研究表明，住宅供给虽然能够带动经济增长，但却会导致收入分配恶化并带来总体福利损失（Kim et al.，2003）。

四、其他研究

除以上研究外，在其他方面也有一些零星的研究，如基于住房投资与就业之间关系的研究提出的就业乘数理论（Kahn，1931）；对长达30年英国不同地区通货膨胀与住宅产业之间因果关系的检验发现，房地产增长对通货膨胀有一定的正效应（Stevenson，2000），等等。

由于房地产与宏观经济之间关系的高度复杂性，上述研究大多都有着明显的局限性。目前也有少数考虑其复杂影响机理的文献，如布里托等（Brito et al.，2002）通过假定住房和其他资产不能完全替代，建立内生增长模型证明了长期内生经济增长率依赖于住房和其他资本的相对价格；基于CGE模型对住房供给对经济增长和收入分配影响的研究表明，住宅供给虽然能够带动经济增长，但却会导致收入分配的恶化和总体福利的损失（Kim et al.，2003）；等等。

第二节　国内研究的进展情况

与国外的情况类似，国内学者对房地产问题的研究也是关注房地产自身较多，而考察房地产对经济影响的研究较少，而且受房地产业发展滞后的影响，国内学者对房地产与经济之间相互关系的研究起步较晚。20世纪末住房体制改革以来，房地产业的超高速增长为经济增长作出了巨大贡献，但其发展过程中存在的各种问题也为经济稳定埋下了诸多隐患，在此背景下，在对经济运行和稳定问题的研究中，房地产迅速成为最受关注的对象之一，相关研究成果也如雨后春笋般出现，为我们认识、理解房地产与宏观经济之间的关系提供了有益的借鉴。与国外类似，国内研究也遵循从局部均衡到一般均衡的研究线索。

早期基于理论阐述或简单统计分析的文献将房地产业对国民经济和社会发展所起的作用概括为如下几个方面：拉动经济增长、带动上游中间投入品行业和下游消费品行业的发展、促进产业结构优化和扩大就业门路、促进社会稳定和发展（顾云昌，1998；郑思齐、刘洪玉，2002）；房地产市场的供给、需求与价格波动都与城市经济基本面的变动紧密相关，同时，住宅市场也会通过成本效应、财富—储蓄效应、投资效应等多个渠道反作用于城市经济体系（龙奋杰等，2006）。

一、房地产与宏观经济

在宏观层面，由于房地产业与国民经济之间复杂的相互作用，国内学者从不同角度，运用各种方法对不同宏观经济指标的影响进行了研究，研究的结论也不尽相同。相对而言，从投资对经济增长带动效应角度对房地产与国民经济之间关系的研究最多，其中基于变参数模型、协整和向量自回归（VAR）模型、脉冲响应函数、Granger 因果关系检验等计量分析方法的研究表明，GDP 与住房投资之间存在稳定的长期均衡关系，住房投资的增长和波动对 GDP 有较大的影响，而 GDP 则主要通过长期均衡关系来调整住房投资的增长（郑思齐，2003）；受经济体制转轨的影响，近年来我国房地产市场与宏观经济之间的互动关系出现了结构性的变化，房地产投资冲击对国民经济有 10～20 年的同向影响，房地产业作为支柱型产业对经济发展起着举足轻重的作用（梁云芳等，2006）；房地产投资波动对 GDP 增长率有显著的正影响（唐志军等，2010）；等等。而基于投入产出方法的研究发现，房地产业每增加 1 单位产值对我国各产业的总带动效应为 1.416（王国军等，2004，基于 1997 年和 2000 年投入产出表的计算结果）；不同行业和部门投资的增长速度与房地产投资增长速度呈线性关系，各线性关系式中的截距和斜率取决于前期投入产出表、各部门投资和资本产出率（吴海英，2007）；与通常的预期相反，房地产业对国民经济的带动作用非常有限，但不影响其作为支柱产业而存在（赵龙节等，2007；魏巍贤、原鹏飞，2009）。

对于房地产价格波动对经济增长的影响，梁云芳等（2006）基于变参数模型、向量自回归模型和脉冲响应函数的研究表明，房地产价格冲击对GDP有短期且很小的同向影响；原鹏飞等（2010，2012）运用可计算一般均衡模型（CGE）的研究表明，房地产价格上涨对总产出和GDP增长以及就业增加的带动效应较大，但相同比例的价格下跌带来的负面冲击更大，在房地产价格大幅变动的情景中尤其如此；骆永民和伍文中（2012）基于动态随机一般均衡模型（DSGE）的研究发现，房价的适度上涨在短期内对宏观经济具有负面效应，但该负面效应一般会逐渐消失并最终转化为正面促进作用，超过一定限度的房价上涨速度将会给宏观经济带来严重的负面影响。

房地产资产作为最为基础的生活和生产资料，其价格变动对物价水平的变动有着重要的影响，这一问题也得到国内一些学者的关注。基于协整和向量自回归（VAR）模型的研究发现，我国房地产价格和通货膨胀之间存在着长期稳定的协整关系（李亚培，2007）；房地产价格上涨速度对通货膨胀率的影响相对较小，且通货膨胀率对房价波动冲击的响应较小（唐志军等，2010）；而基于数理模型的研究表明，房地产价格通过影响总需求对物价水平产生压力，短期内，房地产价格对通货膨胀与产出的影响十分有限，长期则对通货膨胀与产出产生重要的影响，并且，在房价与通货膨胀、产出之间存在正反馈作用机制，这意味着在一个平稳的宏观经济环境中，这种正反馈机制可能会引发经济过热和房价泡沫（段忠东，2007）。

除以上研究外，也有文献从其他角度或者对其他宏观经济变量的影响进行了研究。比如，皮舜、武康平（2004）运用基于Panel数据的Granger因果检验模型对商品房交易额与GDP之间关系的考察，认为1994~2002年我国区域房地产市场的发展与经济增长之间存在着双向因果关系；唐志军等（2010）运用协整和向量自回归模型对房地产价格波动与社会消费品零售总额之间关系的研究发现，我国房地产价格波动对社会消费品零售总额的波动有显著的负影响。

二、房地产与金融

就房地产与金融之间的关系，国内学者的研究也得出一些结论，比如房地产周期与金融稳定息息相关（张晓晶、孙涛，2006）；包括股指和房价在内的资产价格是我国货币政策利率反应函数的重要内生影响变量（赵进文、高辉，2009）；信贷扩张、资产价格波动和金融监管的同周期性是引发金融危机的基本机制（马勇等，2009）；中国银行体系对房价波动存在反馈机制（谭政勋、王聪，2011）；房价上涨和房价偏离均增加了金融危机发生的概率，但房价偏离的作用力要大得多（谭政勋、陈铭，2012）；等等。

三、产业层面

作为房地产业对国民经济带动作用最为重要的机制之一，房地产业对其上下游相关产业发展的带动作用也得到一些文献的关注，其中基于投入产出方法的研究最具代表性，这些研究的结论表明，国内外房地产业都有产业链长、波及面广的产业特性，但不同产业与房地产业的关联度不同，我国房地产业的发展对金融保险业、非金属矿物制造业、建筑业、电器机械及器材制造业、化学工业、社会服务业、商业等行业的带动效应较大，其中资本、原材料消耗型、物质加工型产业偏多，与房地产业相关的服务性产业类型较少，说明我国房地产业对经济主要产生物质资本型拉动效应，同时也说明我国房地产业依然处于物质资本消耗的数量扩张阶段，有待于产业升级和服务化，而在发达国家，房地产业的主要关联产业类型是房地产业、建筑业、金融保险业、公共社会和个人服务业等产业，这些产业除建筑业外主要属于服务供给型产业，且房地产业的自身关联度很高；地区比较结果表明，房地产业的带动效应基本上与经济水平的变动规律相同，经济水平越高，房地产业越发达，对相关产业的带动效应越大；与发达国家相比，我国房地产业与部分相关产业间的产业结构不尽合理，具体表现在与发达国家相反，房地产业与政府及其他行业的关联度过高，而与自身的关联度过低，与金融保险业的关联度偏高，而与建筑业和自身等的关联度较低，这种不合理的产业结构有可能导致整体经济的恶性变化（王国军等，2004；刘水杏，2004；赵龙节等，2007；魏巍贤、原鹏飞，2009）。

除上述研究之外，虽然其他研究的数量不多，但也具有一定的代表性，比如，梁云芳等（2006）基于向量自回归模型和脉冲响应函数的研究表明，房地产投资对钢材、水泥和玻璃等上游相关行业的拉动作用比较大（梁云芳等，2006）；原鹏飞等（2010，2012）运用可计算一般均衡模型（CGE）的研究表明，在房地产价格外生波动的冲击下，国民经济各行业产出与房地产业产出的变动方向一致，相对而言，重工业、采掘业以及房地产业等受房地产价格波动的影响较大，而轻工业、金融保险业、服务业和公共服务业等行业所受的影响相对较小，由此，目前我国房地产业的增长仍处在主要依靠物质型资本投入的数量积累和扩张的粗放阶段，其发展带动主要还是为经济的增长和扩张服务。

四、房地产经济波动对居民部门的影响

近年来，财产性收入的持续提高尤其是其悬殊的收入和贫富差距效应逐步引起国内学者的重视，但由于经济社会发展的特定背景以及家庭财富微观数据可得性等方面的原因，财富不平等对收入分配及贫富差距的影响很少得到我国学者的关注。近年来这方面的文献也逐步出现，但对财富分布的考察较多，而对财富不平等影响的研究较少，而且也很不深入，而专门对房地产资产不平等及其对收入分配及财富差距影响的研究还非常少见。

贫富差距过大可能会减少人们在自身和子女教育、培训或健康方面的投资，并成为导致贫富差距进一步拉大的重要原因，形成恶性循环。权衡（2004）对收入不平等对经济增长影响机制的论述认为，经济不平等之所以会对经济增长产生影响，是因为经济不平等会带来发展机会的不平等，而发展机会的不平等不但会减少人们对自身教育、培训或者健康的投资，而且会由于家庭背景或父母收入状况的不同而对子女受教育权利或机会、职业机会等产生重大的影响，由此，经济不平等通过减少公民的物质资本积累能力，特别是人力资本和金融资本积累能力并最终降低经济增长效率。

不平等对于发展机会及经济增长的影响在不同发展阶段的国家有所不同，

据权衡（2004）的总结，许多理论研究和经验分析的结论表明，经济不平等对发展机会及经济增长的负面影响在穷国比在富国更容易出现。在发达国家，其国内相对比较完善的社会保障制度以及发达的公共政策体系在很大程度上抵消和弥补了收入不平等对低收入者的人力资本投资、健康和教育、医疗保障等方面的负面影响，收入不平等对经济增长的负面影响尚未得到经验和实证分析方面的支持。以美国为例，虽然美国的收入分配不平等上升，扩大了家庭贫富差距并加剧了阶层分化，但美国的父母对于子女收入和职业选择等的影响要比欧洲国家小得多，因此美国的机会平等程度几乎没有受到收入不平等的影响。此外，根据有关研究文献和实证分析，美国的收入不平等对于寿命预期、人口死亡率以及健康等产生的影响也不是非常明显。

对于欠发达或发展中国家，经济不平等对发展机会及经济增长的影响则完全不同。在中国，以教育为例，由于收入和贫富差距悬殊、城乡之间及内部教育质量之间的显著不平衡和巨大差异、城乡户籍管理制度等因素的存在，中国收入不平等对于教育参与机会的影响巨大。大量的事实证明，在目前制度转型和发展不平衡的特殊背景下，家庭背景、出身以及父母收入等因素直接影响甚至决定着子女受教育的程度以及未来的职业选择和收入状况。因此，单就收入分配来看，虽然中国和美国的基尼系数非常接近，而且美国基尼系数还略高于中国，但美国的不平等对经济增长、发展机会等产生的负面影响和效应却非常小，更有意思的是，美国社会公众对于不平等的心理反应程度也比较小，他们更比较容易接受和容忍目前的收入分配不平等。与此相反，中国在转型过程中出现的收入分配不平等已经对经济增长、发展机会等产生了明显的负面影响，这不仅直接影响了有效需求的提升和增加，而且间接影响了中国教育发展以及人力资本投资等发展机会的平等，从长期来看，必然对经济增长更加不利，而且，社会公众对收入分配不平等的反应程度异常强烈，似乎已经到了非解决不可的地步。由此，权衡（2004）认为，判断一个国家收入分配不平等的实际程度，不能只看基尼系数，还要看基尼系数背后的因素，特别是要分析收入分配不平等对经济增长、发展机会以及政治结构等产生何种性质的影响等，并以此来综合分析和判断一种现实的收入分配关系究竟是否合理，以及是否需要采取某种积极措施加以调节。

近年来，房价的持续上涨使得住房问题成为我国当前最为严重的社会问题之一，在这种背景下，如何衡量房价上涨对居民福利的影响也成为一个非常重要的课题，但同样由于家庭微观数据可得性等原因，目前国内的研究还非常少见。对城市化过程中住房价格与财富分配效应之间相互影响机制的研究认为，住房价格上涨和价值增值的实现过程伴随着双重财富分配效应，价格持续上涨不但转移了无房人群的当期财富，而且转移了未来财富，同时具有持久性（刘维奇，2011）；我国房地产业发展所造成的财富效应对社会财富分配产生了重大影响，体现在社会财富的定向转移并由此引起财富再分配，主要表现为社会财富向城市特别是大中城市转移、向房地产产业链上下游行业特别是房地产行业转移、向某些特定阶层转移以及向富裕家庭转移四个方面，这些都是造成近年来我国贫富差距进一步扩大的重要原因（江河，2010）。

在对财产性收入差距对收入和贫富差距影响程度的衡量方面，目前国内也有一些零星的研究。自 20 世纪 90 年代以来，我国居民的财产分布经历了从几乎没有个人财产到个人财产高速积累和显著分化的变化过程，在城镇居民的家庭财产中，自有房屋和金融类资产的比重最大，这两类资产分布的不平等程度直接决定了居民财产分布的不平等程度，其中，金融类资产对不平等程度的贡献率约为 30%，房产对不平等的贡献率则达到 60% 甚至更高（李实等，2000；李实等，2005；赵人伟，2008；陈彦斌，2008；罗楚亮等，2009；梁运文等，2010）。通过估算自有房产的折算租金对居民自有房产分配的不平等对收入分配影响的考察结果表明，农村自有房产具有缩小农村收入差距的效应，而城镇家庭自有房产具有扩大城镇收入差距的效应（李实等，1999）；基于《中国统计年鉴》《中国城市（镇）生活与价格年鉴》等官方统计资料中居民总收入及分项收入的相关年度统计数据，对我国居民分项收入不平等与收入结构优化之间关系的研究表明，2000~2008 年，我国居民分项收入具有性质不同、大小不等的收入不平等效应，其中工资性收入扩大收入不平等的效应最强、转移性收入次之、财产性收入最小，经营性收入是唯一具有缩小收入不平等效应的分项收入（范从来、张中锦，2011）；财产性收入对城镇居民收入基尼系数贡献率相对最低（陈刚，2011）；采用不平等分项收入分解法对 2002~2007 年城镇居民收入不平等的研究表明，近年来房地产和资本市场扩大城镇居民收入不平等的作用日益增强，财产性收入已成为仅次于工资及补贴收入、公共转移支付净收入、影响收入不平等的第三大分项收入，其中房产等投资收入对总收入不平等的贡献率由 2002 年的 0.9% 提高到了 2007 年的 3.4%，而其边际影响也相应由 0.0007 增加到 0.0054，提高了近 6 倍，更高的投资门槛以及持续上涨的房价使得房产投资比金融资产投资更能扩大城镇居民收入差距（瞿晶、姚先国，2011）[①]。上述研究的不足在于，虽然考虑了财产性收入的影响，但由于《中国统计年鉴》等官方统计数据中住户相关中的财产性收入并没有包括居民从股票价格和房地产价格变动等途径取得的收入，而这类收入恰恰是近年来我国居民收入中增长最为迅速，影响也极为明显的收入，甚至是居民财产性收入的主体。由此，上述研究在测算居民财产性收入对收入不平等的影响时，只考虑了财产性收入总体中的一小部分，却忽略了影响显著的主体部分，由此导致了其与现实情况存在较大的出入[②]。另外，上述研究基于宏观加总数据而非微观调查数据，这也有着很大的局限性。

此外，房价变动的收入和财富分配效应也得到少数理论和经验研究的支持，汤浩，刘旦（2007）运用协整理论、误差纠正模型以及 Granger 因果关系检验对商品房平均价格水平（其数据来源于《中国统计年鉴 2005》）与城镇居民收入差距基尼系数之间长期关系的研究结果表明，商品房平均价格水平的上涨拉大了城镇居民收入差距。宁光杰（2009）基于中国健康与营养调查（CHNS）的相关数据（1991 年、1993 年、2004 年和 2006 年），通过考察不同产权形式住房对房屋价值和财产性收入的影响，对我国住房制度的改革对居民收入差距的影响进行了实证分析，指出在住房改革过程中住房的分配存在较大的不公平，获得住房的产权形式不同，住房的价值也存在较大差异，从而会影响居民的收入分配结构，而改革后房价的过快上涨又进一步扩大了这种差距。该研究的结论在一定程度上反映了我国的现实，但其问题在于，在考察住房对家庭收入的影响时，由于没有找到合适的家庭收入数据，文中将家庭消费作为收入的替代变量，这显然是有问题的。陈彦斌等（2011）基于包含房价高速增长、住房需求内生的 Bewley 模型的研究发现，高房价是解

---

① 该研究使用的是国家统计局的城镇住户调查数据。

② 据范从来、张中锦（2011）的测算，财产性收入在城镇居民和农村居民收入中的比重都非常小，只有 2% 左右，这显然严重低估了居民财产性收入的规模和在居民总收入中的重要性。

释我国城镇居民储蓄率和财产分布异于常态的关键因素，但这一研究也存在一定的不足，其对房价波动对财产不平等影响的考察是通过模拟方法进行的，而且并没有给出房价波动对财产不平等实际影响程度的具体衡量。原鹏飞等（2010，2012）基于静态 CGE 模型的研究表明，房价上涨与下跌使得所有收入等级家庭的实际收入都下降，但低收入者所受的影响更大；等等。

第三节　国内外文献评述

从对现有文献的回顾看，目前国内外学者对房地产波动对经济影响的相关研究还很不成熟和深入，在很多方面仍然处于起步阶段：

首先，就房地产与宏观经济之间的关系，目前大多数文献基于计量模型的研究存在着固有的缺陷。由于房地产与国民经济之间错综复杂的相互联系，基于计量经济模型的研究由于脱离微观基础而不适用于中长期分析，更为关键的是，这类局部均衡研究不能将房地产与各宏观经济指标之间的关系放在统一的框架中予以考察，而且未能考虑不同部门和经济主体相互之间的普遍联系，而这对于一般均衡特征典型的房地产经济波动影响恰恰是非常重要的。

其次，基于投入产出方法的研究虽然能够充分考虑房地产业与国民经济各产业部门之间的相互联系，但由于投入产出模型需求导向、生产函数规模报酬不变、要素之间不可替代等严格假设，加上投入产出表只着重于对生产领域及初次收入分配的核算，无法考虑相互联系的各个部门之间的再分配效应，因此其所体现的经济联系与现实之间仍然存在着较大的差距，也不能从根本上揭示经济活动间的相互关系。另外，现行官方统计对房地产业的核算主要是与房地产经营服务相关的产业内容，与住房建设相关的部分并未包括在内，而国内多数研究并未对此予以调整，以致得出房地产波动对经济影响不大的结论。

第三，房地产波动影响的滞后性和动态性显著，有时其影响可能持续长达几十年的时间，目前不论是基于计量模型还是静态 CGE 模型的研究，都尚未考察其影响的动态性。

最后，对于房地产经济波动对居民部门的影响，对于近年来我国居民收入和贫富差距不断扩大的现实，经济学家们主要关注的是地区、职业、教育、性别等对收入分配的影响，而财富分配的严重不平等以及财产性收入差距对收入分配的影响还没有得到国内学者的广泛关注和重视。在与经济增长过程相伴随的收入分配中，通过不同行业收入差异而引致的收入差异是导致收入分配差距扩大非常重要的一个原因，这也已经得到为数众多已有研究的支持，但问题是，已有研究大多是直接基于个人收入和所在行业等相关数据，通过建立相关变量之间关系的计量经济模型，来考察行业工资收入差异对收入差距的影响，属于典型的局部均衡分析，其不足在于，不能将不同行业收入差异及不同行业之间的相互作用对收入差异的影响放在一个综合的框架下进行，导致研究的结论不能很好地反映经济运行过程的实际情况，甚至有时与实际偏离过大的现实。目前国外大部分相关研究关注的都是包括房产在内的广义财富，由于房地产价格波动不但通过资产价值变化和财产性收入影响收入分配和贫富差距，而且还会通过房地产与其他行业及整个经济之间的相互联系来影响居民的收入，因此，房产与其他形式财富对收入分配的影响机制存在较大的区别，针对广义财富的研究并不能代替对房产价格波动及其分配不平等影响的研究，遗憾的是，目前针对高房价对收入分配和贫富差距影响的文献寥寥无几，而且多因数据所限主观性较强。

为改进已有研究的上述不足，本篇中我们将构建包含存量住房资产的动态 CGE 模型，在统一的框架中考察房价变动对经济增长、产业增长，以及收入和贫富差距的动态影响，以为国家和相关部门制定宏观调控和产业政策提供参考。

第六章

包含存量住房的中国社会核算矩阵编制

第一节　社会核算矩阵简介

应用 CGE 模型进行政策模拟首先要构建针对特定问题的社会核算矩阵（social accounting matrix，SAM）。SAM 作为对社会经济体系各个部门的统一核算体系，全面而又一致地记录了一定时期内一国（或地区）各种经济行为主体之间发生的交易数额，它不仅继承了国民收入账户的概念，运用矩阵方法以平衡、封闭的形式记录了国民经济各账户的核算数据，而且还对现有的投入产出表进行了扩充，在投入产出表的基础上增加了家庭、企业、政府、国外等各类机构的信息，因此不仅能表现生产部门与生产部门及非生产部门之间的投入产出、增加值形成和最终支出的关系，还能描述非生产部门之间的经济相互往来关系，从而能够更好地反映经济政策变动对经济的全面影响。另外，投入产出表所反映的各部门之间的关系是线性的，而现实中的关系往往是非线性的。与投入产出表不同，社会核算矩阵中反映的系统是非线性的，因此能更好地反映现实中各部门之间的相互联系，用其进行分析所得到的结果也更为可靠。最后，SAM 还具有较强的账户分解与集结的灵活性，用户可以根据侧重研究的问题对生产部门、商品部门、机构部门等进行详尽的分解与集结，以满足研究者对特定问题研究的需要。基于社会核算矩阵的这些特点，一些学者［如 Keuning（1991）］甚至建议 SAM 应该成为新的国民账户体系的基础。

自 20 世纪 60 年代第一个 SAM 作为剑桥增长项目的一个部分在斯通（R. Stone）教授领导下建立以来，SAM 及其相关理论在理论基础、框架结构、乘数分解、关联分析、数据处理等方面得到全面拓展。另外，在世界银行的大力推动下，世界许多国家都陆续编制出自己国家或地区的 SAM 表，并在此基础上作了大量的应用研究。到目前为止，SAM 已被广泛应用在经济结构、收入分配、价格机制、政策模拟等经济研究领域。

相对来说，我国在 SAM 编制和应用方面的工作起步较晚，但是近年来发展迅速。我国 1987 年以来的 SAM 已由国务院发展研究中心陆续编制完成。基于 SAM 的应用研究方面，国内学者也做了大量的工作，并得出许多有益的结论。这些研究可大致分为两种类型，一类是基于 SAM 乘数分析方法的结构、产出及收入分配等研究（高颖、何建武，2005；金艳鸣、雷明，2006，等）；另一类是基于 SAM 的可计算一般均衡模型研究（李善同等，2000；段志刚、李善同，2004；王韬、周建军，2004；范金等，2004；魏巍贤，2006，等）。

第二节　SAM 的一般结构

编制 SAM 首先涉及账户的确定，这一般而言并没有严格的规定，在一定程度上，研究者可以根据自己所研究的问题灵活安排。一般的开放型宏观 SAM 账户通常包括活动、商品、要素、企业、居民、政府、储蓄/投资和国外 8 个账户。它采用行列交错的矩阵形式，行分为 8 个部门，对应的列也有 8 个部门，最后是合计。在矩阵中，要求来自每一个账户的购买、支出或货币流在其他一个或几个账户中必须要有相应的销售、收入或货币流。矩阵中的每一个非零元素均具有双重含义，行表示该账户的收入，列表示相应的支出，即

$$T = \{t_{ij}\} \qquad i = 1, 2, \cdots, n; j = 1, 2, \cdots, n \qquad (6-1)$$

其中，n 为矩阵的维数，也即 SAM 的账户数，t_{ij} 即是从账户 j 支出到账户 i 的交易值。根据收支平衡原则，矩阵的行和与相应的列和是相等的，即

$$\sum_{i=1}^{n} t_{ik} = \sum_{j=1}^{n} t_{kj} \qquad k = 1, \cdots, n \qquad\qquad (6-2)$$

上式表明 SAM 满足 Walras 定律：如果除一个账户外其他所有的账户都是平衡的，则最后一个账户也必定平衡。

宏观 SAM 的一般结构如表 6-1 所示。

表 6-1 宏观 SAM 的结构

	活动	商品	要素	企业	家庭	政府	资本	国外	合计
活动		总产出							总产出
商品	中间投入				居民消费	政府消费	投资	出口	总需求
要素	增加值								增加值
企业			资本投入			转移支付			企业收入
家庭			劳动投入	利润分配		转移支付			居民收入
政府	间接税	关税		企业所得税	个人所得税				政府收入
资本				企业储蓄	居民储蓄	政府储蓄		国外储蓄	总储蓄
国外		进口		企业对外支付		转移支付			总进口
合计	总产出	总供给	增加值	企业支出	居民支出	政府支出	总投资	外汇收入	

下面对表 6-1 中各单元格的经济含义按行账户的形式逐一作简要介绍。宏观 SAM 对经济活动中生产、分配、消费的经济循环过程的描述通常由活动开始：

活动账户的收入来源于活动所生产商品的销售，即对商品账户的销售，它的支出则包括生产过程中对中间投入的购买，对劳动、资本等生产要素的购买以及向政府交纳的间接税；

商品是所有活动生产的各种产品的综合，该账户的收入来源于活动账户对中间投入品的购买、居民和政府对最终消费品的购买、资本账户对投资品的购买，以及国外账户对出口商品的购买，它的支出则用于对活动总产出的支付、对进口商品及商品进口关税的交纳；

要素账户主要记录生产要素在生产过程中增加的价值，生产要素通常包括资本和劳动，其收入来源于要素的报酬，其支出包括向居民分配的劳动收入和以收入的形式向企业分配收益；

家庭的收入来源于劳动报酬、政府的转移支付以及企业的利润分配，其支出用于家庭消费、家庭储蓄以及交纳个人所得税；

企业的收入包括企业的资本收益和政府对企业的转移支付，其支出则用于对居民的利润分配、向政府缴纳企业所得税、企业储蓄以及对国外的支付；

政府的收入来源于商品的进口关税、生产部门的间接税、企业交纳的直接税以及个人缴纳的个人所得税，其支出则用于政府消费、政府对企业、居民的转移支付以及政府储蓄；

资本账户的收入来源于居民储蓄、企业储蓄、政府储蓄以及外部资本流入，其收入主要用于对商品账户的投资；

国外账户的收入包括本国的商品进口、企业的利润分配以及政府的转移支付，其支出用于国外对本国的商品购买和在本国的储蓄。

通过上述描述我们可以看出，宏观 SAM 在生产部门、要素和机构等高度集结的层次上为整个经济提供了一个综合一致的核算框架。SAM 的核心是各账户的收支构成和相互平衡。在一个均衡的经济状态下，这些账户的平衡意味着生产者的成本等于收益，每一经济主体的收入等于支出，每一商品的需求等于供给。这意味着在 SAM 中存在三个重要的宏观经济平衡：投资—储蓄平衡、政府财政收支平衡和国际收支平衡。

第三节　SAM 中存量住房相关账户的加入

编制 SAM 最为主要的数据资料来源于相关年份的投入产出表，由于投入产出数据仅包括经济活动在一期（一年）内发生的数额，因此，对于房地产业而言，投入产出表仅包含了当年房地产业的投入产出状况，以往年份形成的数量更大的存量住房资产并不包含在内，而恰恰这一部分资产价格的波动对收入和贫富差距的影响也非常重要。在本研究中，由于我们同时考察房价变动的经济效应和收入与财富分配效应，因此，仅投入产出表中的数据并不能满足需求，而一般的 SAM 显然也无法满足需要，这就需要对 SAM 的账户设置进行调整，并估算存量住房的相关数据。

具体而言，在本研究中，为在 DCGE 模型的框架下实现对房地产价格上涨背景下居民部门收入和财富分配效应的考察，并不需要在标准的 SAM 中增加新的账户类型，而只需要分别在"活动""商品""要素"三类账户中增设一个与存量住房相关的账户，分别为"住房活动""住房商品""住房要素"，具体账户设置及相应的账户名称如图 6-1 和表 6-2 所示。对上述新增设的三个账户，此处需要说明以下几点：

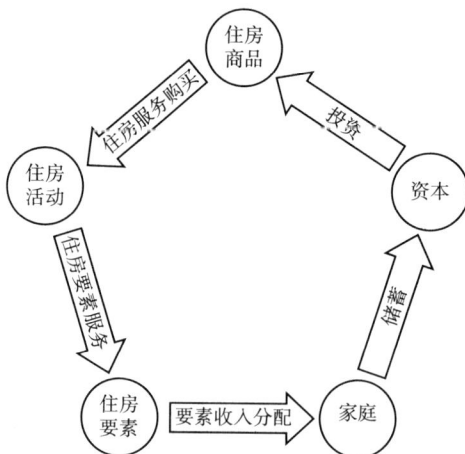

图 6-1 存量住房相关财产性收入在 SAM 相关账户中的流动

首先，上述三个增设的账户都有"虚拟账户"的性质，与标准 SAM 中传统的账户相互独立，尤其是与"活动"和"商品"账户中与房地产业相关的账户相互独立。其虚拟属性体现在，上述三个账户所反映的内容并不是标准 SAM 中相关账户反映的编制年度（2007 年）房地产业的产品生产与销售等活动，而是主要反映与历史累积形成的存量住房资产相关的住房资产价值增值、住房出租收入等相关的财产性收入的形成与分配，因此与当年新产品的生产、销售以及相关的收入分配均无直接关系，而且从国民经济整体来看，三个账户并不产生新的收入，而只是财产性相关收入在不同收入等级家庭之间的再分配。

其次，账户收支说明。如图 6-1 所示，从"住房活动"账户开始，该账户对存量住房服务的购买支出形成"住房要素"账户的收入，这些收入由家庭占有并形成资本账户的储蓄，随后，资本账户对"住房商品"账户商品的购买形成对"住房商品"的投资，同时也形成了"住房商品"账户的收入，最终，"住房商品"对"住房活动"账户产出的购买又成为"住房活动"账户的收入，由此，一个完整的收入循环得以形成，SAM 中与存量住房相关的财产性收入也得以闭合。

最后，表面上看，虽然图 6 - 1 中的循环并没有生产新的"产品"，更没有新增加的收入，但在住房要素收入（即与存量住房资产相关的财产性收入）的分配过程中，由于不同收入等级家庭所持有存量住房资产的显著差别，不同家庭能够获得的住房要素收入之间相应地也有很大的差距，由此，上述收入循环有着显著的收入和财富分配效应。

第四节 包含存量住房的 SAM 的编制

1. 初始宏观 SAM 的编制

要编制一个详细的社会核算矩阵，通常先要构造一个宏观汇总的社会核算矩阵。宏观 SAM 为分解详细的 SAM 中的子矩阵提供了控制数字。

编制宏观 SAM 的第一步，是将各种来源的统计数据经过适当加工计算或估算后，填入 SAM 中相应的位置，由此得到初始的宏观 SAM。本书所编制 SAM 所需的数据首先来源于《中国投入产出表》（2007）。其他相关数据来源于相关年份的《中国统计年鉴》《中国海关统计年鉴》《中国价格及城镇居民收支统计年鉴》（2008）等，或由上述统计资料中的相关数据整理计算得到。

对于新增的三个存量住房相关账户，需估算的是存量住房相关财产性收入的总量，对此，我们将基于中国人民大学数据与调查中心（CGSS）数据中样本家庭持有产权住房的价值、房租、各省市样本在全国的比重，以及情景模拟设定的房价变动比例（见下一章）等进行。

另外需要着重说明的是，本章建立动态可计算一般均衡模型的研究目标是考察房地产价格波动对宏观经济及部门经济的影响，但从目前国际上通行的产业分类看，房地产业是一个典型的服务性行业，并不包含与住房建设相关的内容，而相关部分的统计包含在建筑业中。与目前国际通行的产业分类标准一致，由我国的国民经济行业分类和代码，我国投入产出表中对房地产业的核算只包括房地产开发经营（不包括房屋及其他建筑物的工程施工活动与）、物业管理、房地产中介服务，以及其他房地产活动等项目，其核算的主要是房地产经营服务方面的内容，在这种产业分类框架下，若不加处理而直接运用相关统计数据，对房地产相关问题的研究就存在一个明显的问题，即真正的研究对象并非"房地产"，而是"房地产服务"。

在国内已有相关文献中，对房地产行业波动影响问题的研究大多也未对房地产业的统计数据进行调整，比如魏巍贤、原鹏飞（2009），赵龙节、闫永涛（2007）等，但这显然是有问题的，正是由于与住房建设环节相关统计内容的缺乏，导致这些研究得出"房地产对经济增长带动效应普遍较弱"的结论。

国内已有学者认识到这一问题，比如郑思齐、刘洪玉（2002）指出，目前国内理论界对住宅产业的界定普遍较为模糊。其实，房地产业主要是开发、经营和管理业，而开发过程中的住宅建造是在建筑业内完成的。从最终产品的角度来看，不论是新增房地产资产，还是存量住房资产，都是住房开发建设和房地产服务相结合的产物，或者说是住房开发建设与房地产服务的"耦合体"，由此，在对房地产波动影响问题的问题上，若分析的客体仅限于现行统计框架下的房地产业，应该是不全面的。

实际上，目前国内已有文献尝试处理并解决上述问题，如原鹏飞（2010，2013）、梁云芳等（2013）根据《中国建筑业统计年鉴》中建筑业总产值与住房建筑产值等相关数据计算的比重，将建筑业中与住房建设相关的部分并入了房地产业。

借鉴已有文献的做法，本书中我们对 SAM 中房地产业所包含的内容进行了调整，即根据《中国建筑业统计年鉴》（2008）中建筑业总产值与建筑业中住房建筑的总产值等相关数据计算的比重，将建筑业中与住房建设相关的部分并入了房地产业。

2. 初始宏观 SAM 的平衡——有约束的最小交叉熵法（constrainted minimum cross entrophy，CMCE）

在初始宏观 SAM 编制的过程中，由于很多账户的数据来自不同的统计资料，加上这些统计资料的统计口径不同，因此在编制过程中难免出现一些账户的不平衡（即收入与支出不等），这就需要采取一定的方法进行处理，这是编制 SAM 过程中一个非常重要的环节。

目前对 SAM 平衡比较常用的方法主要有 RAS 法和最小交叉熵法（mini-mum cross entrophy，MCE），由于 MCE 在理论和应用方面的优势，目前对这一方法的应用更为广泛，本部分中也将采用这一方法对初始不平衡的 SAM 进行平衡。

但在具体的平衡过程中我们发现，采用 MCE 方法平衡时存在一个比较严重的问题，就是平衡前后 SAM 中某些交易值的变化幅度过大。就以罗宾逊（Robinson，2000）中给出的 SAM 为例，平衡前后少数交易值的变化幅度接近甚至超过 30%（最大的两个分别为 32.2% 和 26.4%），在对本部分构建的初始 SAM 平衡时，我们也发现相同的问题。因此，该平衡过程可能会丢失很多初始 SAM 中的信息，这显然会对基于 SAM 的实证分析造成较大的影响。为解决上述问题，我们提出有约束的最小交叉熵法，为便于叙述，本部分中以确定的情形来说明，随机情形的原理与此相同。

设 $\overline{T} = \{\overline{t_{i,j}}\}$ 表示初始不平衡的 SAM，$T = \{t_{i,j}\}$ 为最终平衡的 SAM，$\overline{A} = \{\overline{A_{i,j}}\}$ 和 $A = \{A_{i,j}\}$ 分别表示与 $\overline{T}$ 和 T 相应的系数矩阵。显然，$t_{i,j}$ 和 $A_{j,i}$ 分别满足下列等式：

$$y_i = \sum_j t_{i,j} = \sum_j t_{j,i}, A_{i,j} = \frac{t_{i,j}}{y_j} \qquad (6-3)$$

MCE 实质就是应用"交叉熵"距离测度概念，从 $\overline{A}$ 出发并在给定的约束条件下，构造平衡且与 $\overline{A}$ 之间"交叉熵"距离最小的矩阵 A，与之相应的就是最终所需要的 T。这一过程可表示为

$$\min_{\{A\}} I = \left[\sum_i \sum_j A_{i,j} \ln \frac{A_{i,j}}{\overline{A}_{i,j}} \right] = \left[\sum_i \sum_j A_{i,j} \ln A_{i,j} - \sum_i \sum_j A_{i,j} \ln \overline{A}_{i,j} \right]$$
$$(6-4)$$

假定我们对 $\overline{T}$ 中的某些列和有确切信息 y_i^*，则可以施加以下约束：

$$\sum_j A_{i,j} y_j^* = y_i^* \qquad (6-5)$$

由此保证有确切信息的交易值在平衡时保持不变。另外，A 中元素还应

满足下列约束：

$$\sum_j A_{j,i} = 1, 0 \leq A_{j,i} \leq 1 \tag{6-6}$$

以上就是罗宾逊（Robinson，2000）给出的最小交叉熵法。由上，在平衡过程中，MCE 只是对 A 中的元素作了一般性的约束，而对 T 中的元素 $t_{i,j}$ 则没有任何限制，这就是为什么在平衡过程中，某些交易值的变化会很大，由此导致丢失很多 $\overline{T}$ 所包含的原始信息。基于上述考虑，我们对 $t_{i,j}$ 的取值引入以下约束：

$$\overline{t_{i,j}}(1 - \alpha) \leq t_{i,j} \leq \overline{t_{i,j}}(1 + \beta) \tag{6-7}$$

其中 α 和 β 均为非负常数，它们的值可以在平衡过程中用试探的方法确定（比如开始先取较小的值，若无法平衡，再适当增大，直到能够得到平衡的 T 为止）。

加入约束（6-7）后，虽然只能得到目标函数 I 的局部最优值而非全局最优值，但却能够更好地保留原始矩阵的信息，因此更为合理和可靠。仍以罗宾逊（Robinson，2000）中的 SAM 为例，用上述有约束的交叉熵法，将各交易值的变化幅度控制在 10% 以内（9%）就可以使 SAM 达到平衡，由此更好地保留原始 SAM 中的信息，使平衡后的 SAM 尽可能与原始 SAM 接近。

我们将上述添加约束条件的最小交叉熵法称为有约束的最小交叉熵法（constrainted minimum cross entropy，CMCE），本章中也使用这一方法对初始宏观 SAM 进行平衡处理。

本章初始宏观 SAM 的平衡、基于 CGE 模型对房价变动影响的模拟，以及后续章节基于动态 CGE 模型的定量模拟都在 GAMS 系统（general algebraic modeling system，Version 24.1）中进行，这一系统是专门为求解线性、非线性和混合互补最优化问题而涉及的系统。本章中我们对初始社会核算矩阵平衡所用的求解算法为非线性规划（nonlinear programming），而后文中基于动态可计算一般均衡模型的定量模拟所用的求解算法均为混合互补规划（mixed complementarity programming），选择的求解器均为 PATH。

表 6-2 给出了平衡后附加存量住房相关虚拟账户的中国 2007 年宏观 SAM。

表 6-2 附加住房相关虚拟账户的中国 2007 年宏观社会核算矩阵

单位：亿元

账户	活动		商品		要素			机构账户			资本账户	ROW	合计
	一般活动	住房活动	一般商品	住房商品	劳动	资本	住房	企业	家庭	政府			
活动 一般活动			780501										780501
住房活动				20307									20307
商品 一般商品	553349								100903	35158	112868	91599	893877
住房商品											20307		20307
要素 劳动	109694												109694
资本	117458												117458
住房		20307											20307
机构账户 企业						108890							108890
家庭					109694	8568	20307			21533			160102
政府			39802					32559	6112	38358			116831
资本账户								76331	53086	3700		57	133175
ROW			73574							18082			91657
合计	780501	20307	893877	20307	109694	117458	20307	108890	160102	116831	133175	91657	

注：由《中国投入产出表》(2007)，《中国统计年鉴》(2007、2008)，《中国城市（镇）生活与价格年鉴》(2008)，《中国建筑业统计年鉴》(2008)，以及 CGSS 中的相关数据整理计算。

3. 对宏观 SAM 账户的调整

宏观 SAM 为账户细分 SAM 中的子矩阵提供了控制数字，在宏观 SAM 的基础上，根据想要分析的问题，对重点关注的账户进行细分，对其他一般性账户进行分类或归并，由此编制能够满足特定研究需要的 SAM。

本研究中，我们主要考察房地产价格波动的经济增长与收入分配和贫富分化效应，因此本章中对宏观 SAM 的细分主要集中在活动账户、商品账户和居民账户上。

活动账户和商品账户的分类或归并主要是对行业类型的归并。在我国的投入产出表中，所包含的行业个数最常见的是 42 个和 135 个，在运用投入产出表研究经济问题时，尤其是研究行业问题时，一般不需要过细的行业分类，通常的做法是按照行业的性质归并为几个大类行业，而具体归并可由研究者根据特定问题的需要进行灵活设置。

在具体账户归并的过程中，对于 SAM 中的活动账户和商品账户，我们将中国 2007 年投入产出表中的 42 个行业并入 9 个性质相近的大类，分别对应 9 个活动账户和 9 个商品账户，具体如下：

农业属于第一产业，与其他产业的性质有明显的差别，因此单独作为一类。对于金融业和建筑业，考虑到房地产业与这两个行业之间关联关系的特殊性，将这两个行业作为两个单独的行业类别。电力、热力的生产和供应业，燃气生产和供应业，水的生产和供应业 3 个行业属于典型的公用事业，与一般性工业和制造业显然不同，统一归入公用事业类别。工业中除前面已涉及到的行业外，由于轻工业与重工业在技术、资本等方面密集程度的系统差异，因此将其余工业区分为轻工业和重工业两类。对于服务业，考虑到交通运输及仓储业，邮政业，信息传输、计算机服务和软件业，批发和零售业，住宿和餐饮业，租赁和商务服务业等属于纯粹的商业性行业，而研究与试验发展业，综合技术服务业，水利、环境和公共设施管理业，居民服务和其他服务业，教育，卫生、社会保障和社会福利业，文化、体育和娱乐业，公共管理和社会组织等行业则不同，具有明显的"公共品"或"半公共品"行业特征，因此，两类服务业的性质、运营模式都有很大的差异，为此，将服务业区分为一般性服务业和具有公共性质的公共服务业两类。

归并后各类行业的名称和所包含的行业内容见第八章第三节中的表8-2。

最后，为了考察房地产价格变动对不同收入等级家庭福利的影响，并考察房价变动的贫富差距效应，我们依据收入等级将城镇家庭账户细分为七个类型，即最低收入户、低收入户、中等偏下收入户、中等收入户、中等偏上收入户、高收入户、最高收入户[①]，城镇家庭账户非住房相关的各项总收入和总支出在各类家庭中的分配依据《中国价格及城市居民家庭收支调查统计年鉴》（2008）中与各类家庭相应的收支数据计算的比重进行，而存量住房财产性总收入在各类家庭中分配的比例依据 CGSS 数据和《中国城市（镇）生活与价格年鉴》（2008）中的相关数据估算。

第五节　本章小结

编制 SAM 是应用 CGE 模型研究经济问题的基础性工作，由于不同问题对 SAM 的内容和结构的要求并不相同，再加上应用 CGE 模型的所有政策模拟都是基于 SAM 进行的，因此，SAM 编制的适合性和质量直接决定着整个研究工作的质量。

对于本研究关注的房地产业而言，由于标准的 SAM 仅反映了当年房地产业的投入产出状况，以往年份形成的数量更大的存量住房资产并不包含在内，而恰恰这一部分资产价格的波动对收入和贫富差距的影响也非常重要，为更加科学和全面地反映房地产波动的经济和社会影响，本部分对标准的 SAM 进行了改进，即在标准 SAM 中增加了反映存量住房的相关账户。

另外，对于 SAM 的平衡，针对最小交叉熵平衡方法（MCE）存在的平衡前后 SAM 中某些交易值变化幅度过大、初始 SAM 的信息丢失过多的问题，

---

① 注：居民账户各项总收入在按收入水平分组的各类城镇家庭中的分配由《中国价格及城市居民家庭收支调查统计年鉴》（2008）中各类居民的工薪收入、经营性收入和转移性收入计算的相应比例计算；居民账户各项总支出在按收入水平分组的各类城镇家庭中的分配由《中国价格及城市居民家庭收支调查统计年鉴》（2008）中各类居民的消费支出、借贷支出和缴纳的个人收入税计算的相应比例计算。

本部分对其进行了改进，提出了有约束的最小交叉熵法（constrainted mini-mum cross entrophy，CMCE），基于该方法的平衡结果表明，这一方法在实现SAM平衡的同时，确实能够更好地保留原始SAM的信息。

第七章

纳入存量住房影响机制的动态
可计算一般均衡模型构建

第一节 一般均衡经济理论

一般均衡是与局部均衡相对应的经济学概念。将一种商品市场与其他商品市场隔离而单独考虑的研究方法称为局部均衡分析方法，单个市场中商品供给等于商品需求时的状态称为局部均衡状态，因此局部均衡分析说明的是在某一时点，单一市场的均衡结果。然而，由于市场之间始终存在的相互作用，这些相互作用会对市场自身产生反馈效应。正如尼克尔森所论述的，一个市场上产出的价格变化通常会对其他市场产生影响，而这一影响反过来会波及整个经济，甚至在某种程度上会影响原有市场上的价格—数量均衡。为了说明经济中这种复杂的相互关系，有必要超越局部均衡分析，建立一个可以同时考虑多个市场的模型。一般均衡模型就是能够分析不同市场、不同产业、不同资源要素以及不同机构之间相互关系的分析框架，相应地，将整个经济中所有市场联合起来考虑的研究方法称为一般均衡分析方法。当市场价格充分调整，使得所有商品市场的供给与需求相等时的状态，称为一般均衡状态。

一般均衡状态是在供给与需求等经济中存在的诸多力量的共同作用下，经济系统达到的一系列资源配置和价格构成的理想状态，它是市场经济学家描述经济现象的重要工具。关于经济如何达到均衡状态，亚当·斯密（Adam Smith）认为经济中存在"看不见的手"指引着众多市场经济主体参与并完成资源的配置。19 世纪许多古典经济学家如李嘉图（Ricardo）、穆勒（Mill）等也都提出过稳态均衡的概念，认为经济总是在朝均衡点运动。随着理论的发展，19 世纪的经济学家们普遍认识到局部均衡只是一种特殊的情况，一般化地考虑多个市场之间的相互影响才是恰当的研究方法，但遗憾的是他们没有采用数学语言来阐述一般均衡。

现代意义上的一般均衡理论始于瓦尔拉斯（Walras），他在其 1894 年的著作《纯粹经济学要义》（*Elements of Pure Economics*）中，第一次从数学的角度对一般均衡概念做出了完整和充分的论述，并为 20 世纪的经济学家从数学角度研究一般均衡理论设定了所有的问题和研究范式，但直到 20 世纪 40 年代，经济学们仍然没有找到很好的方法来证明一般均衡的存在性，这损害了一般均衡理论的严密性。50 年代，三位美国学者阿罗（Arrow）、德布鲁（Debreu）和麦肯锡（McKenzie）引入拓扑学和凸分析的方法，从不动点定理出发，经过严密推理，证明了一般均衡的存在性，为一般均衡理论在存在性、唯一性、稳定性和效率性等方面的进一步发展奠定了基础。

接下来，我们将采用混合互补问题（mixed complementarity problems, MCP）的数学语言来描述构成阿罗—德布鲁一般均衡的三个条件：①零利润条件；②市场出清条件；③收入平衡条件。

所谓混合互补问题是指如下这样一个问题：

Given：f：$R^n \rightarrow R^n$

Find：$z \in R^n$

s. t.：$f(z) \geq 0, z \geq 0, z^T f(z) = 0$

其中，变量 z 称为互补变量。显然，根据限制条件，如果 $z > 0$，则方程 $f(z) = 0$；如果方程 $f(z) > 0$，则 $z = 0$。

阿罗-德布鲁一般均衡模型可以采用三组"中心变量"加以描述，它们是：

P：一个非负 n 维商品价格向量，包括所有最终产品，中间产品和初级要素；

Y：一个非负的 m 维活动水平向量，经济部门被假定为规模报酬不变；

M：一个 h 维收入水平，包括模型中的每个家庭以及任何政府实体。

经济达到一般均衡时必须满足三组非线性不等式系统，也即它必须满足三个条件：

（1）零利润条件。

零利润条件要求在均衡时，没有生产者能获得超额利润，也就是说，每单位活动投入的价值必须等于或大于产出的价值。用数学表达式写成

$$- \prod_j(p) = C_j(p) - R_j(p) \geqslant 0 \qquad \forall j \qquad (7-1)$$

其中 $\prod_j(p)$ 是单位利润函数。$C_j(p)$ 和 $R_j(p)$ 分别是单位成本和单位收入，它们分别定义为

$$C_j(p) \equiv \min\left\{ \sum_i p_i x_i \mid f_j(x) = 1 \right\} \qquad (7-2)$$

$$R_j(p) \equiv \max\left\{ \sum_i p_i y_i \mid g_i(y) = 1 \right\} \qquad (7-3)$$

其中，f 和 g 是刻画可行投入和产出的生产函数。

（2）市场出清条件。

市场出清条件要求在均衡价格和活动水平上，任何商品的供给必须等于或超过消费者的需求。用数学表达式表示

$$\sum_j y_j \frac{\partial \Pi_j(p)}{\partial p_i} + \sum_h \omega_{ih} \geqslant \sum_h d_{ih}(p, M_h) \qquad (7-4)$$

其中，左边的第一个加总是用谢泼德（Shepard）引理表示的规模报酬不变生产部门商品 i 的净供给，第二个加总表示家庭拥有的商品 i 的总的初始禀赋；右边的加总项表示给定市场价格 p 和家庭收入水平 M 下家庭对商品 i 的最终总需求。

最终需求可从最大化预算约束下的效用函数得到：

$$d_{ih}(p, M_h) = \mathrm{argmax}\left\{ U_h(x) \,\middle|\, \sum_i p_i x_i = M_h \right\} \qquad (7-5)$$

其中，U_h 是家庭 h 的效用函数。

（3）收入平衡条件。

收入平衡条件要求在均衡时，每个代理者的收入必须等于要素禀赋的值：

$$M_h = \sum_i p_i \omega_{ih} \geqslant \sum_h p_i d_{ih} \qquad (7-6)$$

对于非饱足（non-satiation）的效用函数，家庭都会处于其预算线上，也即

$$\sum_i p_i d_{ih} = M_h = \sum_i p_i \omega_{ih} \qquad (7-7)$$

根据瓦尔拉斯准则，上述条件可以写成如下混合互补问题：

$$\sum_j y_j \prod_j(p) = 0 ; y_j \prod_j(p) = 0 \qquad \forall j \qquad (7-8)$$

$$p_i \left(\sum_j y_j \frac{\partial \prod_j(p)}{\partial p_i} + \sum_h \omega_{ih} - \sum_h d_{ih} \right) = p_i \xi_i = 0 \qquad \forall i \qquad (7-9)$$

$$M_h \left(\sum_h p_i \omega_{ih} - \sum_h p_i d_{ih} \right) = M_h \psi_h = 0 \qquad \forall h \qquad (7-10)$$

方程（7-8）表明活动水平 y_i 与活动的利润函数 $\prod_j(p)$ 互补，即均衡时生产活动获得零利润，并且任何净回报为负的生产活动是无价值的，这就构成一般均衡的零利润条件。

方程（7-9）表明价格水平 p_i 与超额需求函数 ξ_i 互补，即均衡时任何价格为正的商品在总供给和需求之间总有一个平衡，任何超额供给的商品的均衡价格为零，这就构成了一般均衡的市场出清条件。

方程（7-10）表明收入水平与机构的支出函数 $\sum_h p_i \omega_{ih} - \sum_h p_i d_{ih}$ 互补，即均衡时机构正的收入水平必然与收支平衡同时满足。

这样，一般均衡问题就变成寻找一组变量 $z = [y, p, M]$ 和方程 $f(z) = [\prod_j(p), \xi_i, \psi_h]$，使其满足上述混合互补问题。

第二节　可计算一般均衡模型概要

直到 20 世纪 60 年代之前，一般均衡理论一直是一种纯粹的理论分析工具，由于其对数据的较高要求及计算能力的限制，该方法在实践中一直难以运用。60 年代之后，经济学家们越来越认识到以计量分析为主的局部均衡分

析方法的缺陷，因此一直在不断努力探索更加适用的方法，再加上数据可得性的不断提高和计算机运算能力的突飞猛进等有利条件，一般均衡分析方法开始逐步向可计算化方向发展。

一般认为，约翰森（Johansen）建立的"多部门增长"（multi-sectoral growth）模型是第一个实用的 CGE 模型，这也是 CGE 模型的雏形。虽然当时经济系统的数量建模与仿真已经有了很长的历史，而可计算一般均衡模型（computable general equilibrium，CGE）模型以其一致的理论基础、灵活的模型框架、对现实经济多方面的综合描述以及应用当今最先进的计算机技术，使 CGE 模型不同于以往的任何一种经济模型，代表了应用政策分析模型的最新发展方向。20 世纪 70 年代以后，CGE 模型的开发得到突飞猛进的发展，逐渐成为经济学家们进行政策分析的标准工具之一。经过近 40 年的发展，CGE 模型在理论深度、模型结构、建模技术和应用范围等方面都取得了长足的进步。特别是由于世界银行等国际组织的大力推动，几乎所有的发达国家和大部分发展中国家都建立了自己的 CGE 模型，广泛应用在税收、公共消费变动、关税和其他外贸政策、技术变动等对一个国家或地区的福利、产业结构、劳动市场、国际贸易、环境状况、收入分配等的影响，取得了极其丰硕的成果。[①] CGE 模型的建立使得一般均衡理论不再是空洞的理论，成为提高决策能力的有效工具。

CGE 模型是一般均衡理论在实际经济分析中的应用，该模型实际上是一组描述经济系统供求平衡关系的方程，其中许多方程是非线性的，而且不包括目标函数。在一个开放的 CGE 模型中，经济主体一般包括生产者、居民、企业、政府和世界其他地区，相应地，模型方程也就是对各经济主体生产行为、消费行为、政府行为以及贸易行为等的描述。其基本思想是：生产者和消费者的生产和消费决策由非线性的一阶最优化条件决定。生产者根据利润最大化原则，在资源约束的条件下，确定各种商品的最优供给量和对生产要素的需求；消费者根据效用最大化原则，在预算约束的条件下，确定对各种商品的需求量；当最优供给量与最优需求量相等时，经济达到最稳定的均衡状态，同时由均衡的供应量和需求量求出一组商品的均衡价格。方程组也包

---

① 侯瑜. 理解变迁的方法：社会核算矩阵及 CGE 模型［M］. 东北财经大学出版社，2006

含一些整个系统必须满足的约束条件，这些约束包括对政府预算赤字规模的约束，对贸易逆差的约束，对劳动、资本和土地的约束，对储蓄—投资以及其他国家收入支出等账户一些宏观经济总量平衡的约束等等，但这些约束对任何行为个体并不必要。广义地讲，工资、汇率都可称为价格。从全面均衡的角度讲，CGE 模型是在一定的资源约束和行为准则下，遵循瓦尔拉斯定律，在组成经济系统的各个市场上建立一般均衡系统，求解出均衡价格和相应的均衡数量。

不同于系数固定的投入产出模型和社会核算矩阵模型，在 CGE 模型中，生产者为使利润最大化，基于其生产技术根据商品和要素的价格决定其各种投入和产出。通常采用非线性的函数描述生产要素间的不完全替代关系，中间产品使用里昂惕夫结构。在供给方面，生产者同样依据利润最大化的原则，根据出口和国内市场的相对价格将其产品在两个市场之间分配。同样，由于 CGE 模型假设进口产品与国内产品是不完全替代的，国内总供给的构成也取决于这两种商品的相对价格。对居民来说，他们在给定的预算约束下，根据自身的偏好和商品价格确定自己的消费以实现效用最大化。

另外应该指出的是，一个较恰当的模拟社会应该是经济中至少有一些部门是满负荷的，某些生产要素（如熟练劳动）被全部使用，在这种情况下，价格不再被假定不变。在 CGE 模型中，价格是内生决定的，以便形成与经济中均衡相一致的价格，其依次决定生产、消费、就业和收入，这种行为被称为"价格响应"的行为。模型中的其他行为通常是非价格响应的，它们或者被外生给定，或者通过一些固定不变的系数确定，例如，政府的支出常常是假设不变的，或者被设定为 GDP 的一个固定比例，税收、机构要素收入的分配、投资的构成等一般根据实际数据设定为固定的份额。

第三节 可计算一般均衡模型对房地产问题
研究的适用性及必要性

CGE 模型以阿罗—德布鲁一般均衡理论和社会核算矩阵（SAM）为基础，因此与投入产出方法、SAM 乘数方法联系紧密，不同的是，CGE 模型不但继承了两种方法的优点，充分体现了经济运行过程的一般均衡特征，更重要的是，CGE 模型在很多方面都突破了上述两种方法的局限，其严格的一般均衡理论基础、灵活的模型形式，尤其是 CES 生产函数、消费函数、进出口阿明顿（Armington）函数等非线性函数在模型中的应用，使得其描述的经济运行过程与现实更为接近，从而超越了投入产出模型和 SAM 乘数模型。另外，通过对各类微观主体生产、投资以及消费等决策优化行为的设定，CGE 模型能够反映多个部门、多个市场之间相互依赖和相互作用的关系，由此揭示比局部均衡模型或宏观计量经济模型更为广泛的经济联系[1]，这不但使得 CGE 模型具备了计量经济模型不具有的微观基础，而且能够较好地避免"卢卡斯批判"[2] 问题和动态不一致性问题，使得模型在政策评价方面的可信性更高，这些都是其能够在经济管理研究领域得到广泛应用，尤其是越来越成为政策评价标准工具的重要原因。

对于产业经济波动的影响，由于产业之间及产业与国民经济其他部门之间紧密而复杂的相互联系，来自一个产业的冲击必然会对所有其他行业及整个经济产生或大或小的影响，因此从产业经济波动影响的传导过程或传导机制来看，产业波动对经济的影响具有典型的一般均衡特征，而 CGE 模型的好处就在于它能够将国民经济中的行业、企业，以及居民等各个部门纳入到统一的分析框架之中，在分析产业波动影响问题时能够充分考虑不同部门之间的相互联系，从这一点来看，CGE 模型特别适合于对产业经济波动影响问题的研究。

从第二章对房地产业特殊性的分析中我们看到，作为国民经济中的基础性和先导型产业，房地产业与国民经济之间存在着非常复杂的相互作用机理，相比于一般性行业，房地产经济波动对经济社会发展的影响更加广泛和深远，因此，CGE 模型特别适合于对房地产与国民经济之间互动关系的研究。

由于房地产业在整个国民经济中所处的特殊重要的地位，房地产业自身及其与国民经济之间关系一直是近年来我国学术研究的热点。房地产市场变化对经济社会影响的力度和方向是决定如何对房地产市场进行宏观调控的关

---

① 侯瑜. 理解变迁的方法：社会核算矩阵及 CGE 模型［M］. 东北财经大学出版社，2006

② 所谓"卢卡斯批判"，是指经济主体在面临非预期外生冲击的情况下，会根据新的经济环境调整其经济行为，由此会导致以回归分析为基础的实证研究对政策分析的失效。

键，因此对房地产业与其他产业以及整体国民经济之间的关联关系进行定量研究，对确立房地产业在国民经济中的地位、优化房地产业发展的宏观调控、促进房地产业与国民经济的健康协调发展具有重要的理论及现实意义。

由第五章的文献回顾我们看到，目前国内对房地产业与国民经济之间关系的研究主要还是一些基于投入产出模型或计量经济模型的研究，这些研究存在着很大的不足，这不但使得房地产经济问题研究严重滞后，同时也不能满足现实发展的需要。

另外，住房作为一种在家庭总支出中占较大比例的生活必需品和家庭最为重要的财富形式，其价格变动无疑会对居民的生活水平和财富状况产生较大的影响，因此住房资产在居民的福利改善和财富积累的过程中都占据着非常重要的地位，在当前我国城镇化步伐加快、城市人口急剧膨胀的情况下尤其如此。因此如何衡量房地产经济波动对居民福利和财富分配的影响无疑是一个非常重要的课题，而目前国内学术界对此问题的研究还非常少见，而且少数已有基于理论阐述和简单分析的研究很难全面反映房价波动对居民收入和财富持有的影响，因此，将 CGE 模型运用于对房地产经济波动对居民福利和财富分配影响的研究同样非常必要。

鉴于以上分析，本章中，我们将构建动态 CGE 模型（DCGE），并在下一章中将其用于对房地产变动对我国宏观经济及部门经济影响的定量分析。

第四节　纳入存量住房影响机制的动态可计算一般均衡模型构建

在 CGE 模型的实际应用中，由于政府、国外、投资等部门的存在以及为了研究特定的问题，最终构建的模型一般都比较复杂，模型的形式也多种多样，但不论多么复杂，其基本原理及主要方程都还是基本相同的。海瑞斯和罗宾逊（Harris & Robinson，2002）给出了一个包括国外部门的开放型 CGE 模型的一般形式，本章通过对其进行动态扩展，来构建本研究的所需要的 DCGE 模型。

另外，同样出于同时考察房价上涨的经济效应和收入与财富分配效应的目标，在对 CGE 模型进行动态扩展之外，为将存量住房价格变动的影响考虑在内，还需将存量住房资产纳入 DCGE 模型的框架体系，并对与存量住房资产相关财产性收入的产生及分配等相关活动进行描述，具体内容在下一部分中阐述。

一、纳入存量住房影响机制的 DCGE 模型构建

标准的 CGE 模型对 SAM 中包含的所有支付进行了解释，因而这一模型对要素、部门、商品和机构等的分类仍然与 SAM 保持一致。从表达内容的不同，静态 CGE 模型的方程体系可以分为几个相对独立的模块，包括生产与贸易、价格系统、机构（包括家庭、政府、企业以及国外）以及系统约束，在动态模型中，除上述四个模块外，还包括一个链接不同时期的动态递推模块。

采用通常的做法，在本章构建的 DCGE 模型中，汇率用单位外币的本币价格表示，并假设贸易差额和总吸收是内生的，本国进出口品的世界价格是外生的（即服从小国假设）。另外，出于表达上的方便，模型使用了一些符号的习惯表达，即内生变量用大写字母表示，模型参数和外生变量用小写或者希腊字母表示，指标在下标中以小写字母出现（其中，a 表示生产活动，c 表示商品，f 表示基本的生产要素，i 表示家庭的类型）。最后，出于简便性的考虑，除在"跨期链接——递推动态模块"部分外，我们在模型其他部分中省略了各变量的时间下标。

本部分 DCGE 模型中内生变量的说明见表 7 - 1，外生变量及参数的说明见表 7 - 2。

表 7 - 1   DCGE 模型内生变量说明

变量	含义	变量	含义
QD_a	活动产出水平	K_a	活动资本需求
L_a	活动劳动需求	QI_a	活动中间投入需求
Q_h:	存量住房财产性收益	HS_t	全社会存量住房资产总量
QX_c	国内总产出	QD_c	国内产出的国内供给
QE_c	出口	Q_c	国内总供给
QM_c	进口	PE_c	出口价格

续表

变量	含义	变量	含义
PS_c	活动供给价格	PD_c	国内产品的国内价格
PM_c	进口价格	PQ_c	复合品价格
PX_c	国内总产出价格	YI_i	家庭 i 的收入
YF_{if}	家庭 i 要素收入	EI_i	家庭 i 的支出
QH_{ic}	家庭 i 的消费	YE	企业收入
YE_k	企业资本收入	EE	企业支出
YG	政府收入	EG	政府支出
QG_c	政府消费	INV	新增投资
YF_k	国外资本收入	SK_t	资本存量
HN	新建住房资产	W_{it}	家庭总财富
YR_i	家庭存量住房出租收入		

注：下标 a 表示活动，c 表示商品，f 表示要素，i 表示家庭类型，h 表示存量住房，t 表示时期，e 表示企业，g 表示政府，r 表示国外。表 7-2 中与此相同，不再重复说明。

表 7-2 　　　　　　　　　　DCGE 模型外生变量及参数说明

变量	含义	变量	含义
ΔP_h	情景模拟中设定的房价涨幅	r_h	住房出租收益率
pwm_c	进口品的世界价格	pwe_c	出口品的世界价格
tm_c	进口关税税率	te_c	出口关税税率
e	汇率	ti_c	间接税税率
$sa_{i,t}$	家庭存量住房价格上涨收益在总体中的比重	sr_i	家庭存量住房出租收益在总体中的比重
μ_r	存量住房中用于出租的比重	tf_{ig}	政府对家庭的转移支付
tf_{ie}	企业对家庭的利润分配	th_i	家庭 i 的所得税税率
tf_{eg}	政府对企业的转移支付	tr	企业所得税
tf_{rg}	政府对国外的转移支付	sh_i	家庭 i 的储蓄率
gs	政府储蓄	rs	国外储蓄
ks	资本禀赋	ls	劳动禀赋
g_{LAB}	劳动增长率	σ	资本折旧率
r	无风险利率		

1. 生产与贸易

该部分主要描述国内外产品市场的供需情况①，其中主要描述本国产品及服务生产的投入产出关系，贸易体现在两个方面：一是本国产出在满足国内市场需求和出口之间的分配，二是国内需求如何通过本国产出和进口得到满足。

就对产品及服务生产过程的描述而言，目前常用的生产函数主要有列昂惕夫生产函数（Leontief function）、柯布 – 道格拉斯生产函数（C – D），以及常替代弹性生产函数（CES）等，其中列昂惕夫生产函数和 C – D 生产函数都是 CES 生产函数的特例，这两种生产函数由于投入要素替代、生产规模报酬等方面的属性，适用范围有限，而 CES 生产函数所具有的极大灵活性则可以满足不同情形下对生产过程的描述。鉴于此，本研究 CGE 模型也采用这一函数形式，具体见方程（7 – 11）。

$$QD_a = \alpha_a \left[\delta_a \left(\delta_a^f K_a^{-\rho_a^f} + (1 - \delta_a^f) L_a^{-\rho_a^f} \right)^{-\rho_a^a} + (1 - \delta_a) QI_a^{-\rho_a^a} \right]^{-1/\rho_a^a} \qquad (7 - 11)$$

方程（7 – 11）中的 CES 生产函数包括了劳动、资本以及复合中间投入双层嵌套，其中内层从左到右分别为复合增加值和复合中间投入，所采用生产函数的形式分别为 CES 生产函数和固定投入比例的列昂惕夫生产函数。

在动态模型中，由于存量住房的引入，在模型的生产与贸易模块中就有了新的内容：除一般性产品和服务外，为考虑存量住房资产价格变动的影响，还需给出与存量住房资产相关财产性收益的"生产函数"。从理论层面而言，持有存量住房资产所带来的收益受经济增长、居民收入及其分配状况、居民对住房的居住需求及投资需求、无风险利率等多种因素的影响，其决定过程比较复杂，但由于我们主要关心住房价格变动对经济增长及居民财富积累的影响结果，本研究中不考虑上述复杂的过程，因此可以对该活动的生产函数进行简化设置。

如方程（7 – 12）所示，该活动的产出为全社会存量住房资产、住房价格变动，以及住房出租收益等变量的函数，其投入为存量住房资产，除这一

①　这一部分中，α，δ，ρ，以及 φ 等均为常数，除下标不同外，分别表示效率参数、份额参数和替代弹性参数。

特殊要素外，不需要其他要素投入，也不需要其他任何中间投入，而其产出并不是通常的产品或服务，而是一种无形的价值，一种与存量住房相关的财产性收益，具体表现为因对存量住房财产的持有而获得的住房资产升值收益和房产出租租金收益，因此，该活动与一般性活动的不同之处在于其虚拟属性。

$$Q_h = W(HS, \Delta P_h, r_h) = HS \cdot \Delta P_h + HS \cdot r_h \qquad (7-12)$$

该活动的产出（或者说存量住房资产相关财产性收入）不经过企业，直接流向家庭，而其在各收入阶层家庭中的分配直接取决于不同家庭所持有及出租存量住房资产的状况。需要着重指出的是，从国民经济整体来看，该活动并不产生新的收入，其实质是汇集了全部的存量住房资产相关财产性收入，然后再依据不同家庭住房财产的持有禀赋进行再分配而已。但即便如此，除再分配效应外，存量住房资产相关活动的加入还会通过家庭部门从两个方面对整个经济过程产生影响：首先，是家庭消费的财富效应，房产增值和房租收入增加会刺激居民消费由此带动经济增长；其次，是家庭收入增加的投资效应，虽然居民房产财富的增值不能变为现实的收入，但房租收入的一部分会转化为居民储蓄，并最终转化为投资，由此成为经济增长的另一种动力。

对于贸易部分中本国产出品在国内市场和出口之间的分配，在 CGE 模型中一般用不变转换弹性（CET）函数来描述，方程（7-13）即是对这一过程的描述，它假设本国产出在国内市场和出口两种流向之间不能够完全转换。除替代弹性为负外，该函数与 CES 函数具有完全相同的形式。

$$QX_c = \alpha_c^t \left[\delta_c^t QE_c^{\rho_c^t} + (1 - \delta_c^t) QD_c^{\rho_c^t} \right]^{1/\rho_c^t} \qquad (7-13)$$

方程（7-14）定义了出口和国内销售之间的比例关系，该式保证出口—国内价格比率的上升会引起出口—国内供给比率的增加。

$$\frac{QE_c}{QD_c} = \left(\frac{PE_c}{PS_c} \cdot \frac{1 - \delta_c^t}{\delta_c^t} \right)^{\frac{1}{\rho_c^t - 1}} \qquad (7-14)$$

对于国内需求，在国内市场上，由于国内产出与进口之间的不完全替代性，刻画国内市场的需求需要对国内产出品与进口品进行区别，在 CGE 模型中一般用 Armington 函数来表示这一过程，如方程（7-15）所示，该函数以国内产出和进口作为"投入"，而产出即为满足国内市场需求的"复合商品"

供给。

$$Q_c = \alpha_c^q \left[\varphi_c^q QM_c^{\rho_c^q} + (1 - \varphi_c^q) QD_c^{\rho_c^q} \right]^{1/\rho_c^q} \qquad (7-15)$$

方程（7-16）定义了进口与国内产出之间的比例关系，该等式保证国产—进口价格比例的上升将会导致进口—国产需求比例的上升。

$$\frac{QM_c}{QD_c} = \left(\frac{PD_c}{PM_c} \cdot \frac{1 - \delta_c^q}{\delta_c^q} \right)^{\frac{1}{1 - \delta_c^q}} \qquad (7-16)$$

2. 价格系统

价格系统主要描述各相关经济变量之间的价格关系，主要包括产品价格和要素价格。在 CGE 模型中，我们假设不同来源和目的的商品质量有别（比如出口、进口以及国内销售的国内产出等商品），由此，内生价格变量与基准价格以及模型中的其他非价格变量联系在一起，共同构成内容丰富的价格系统。

方程（7-17）和（7-18）分别定义了进口品和出口品的价格，它们是考虑关税并经汇率调整的国际市场价格；方程（7-19）是国内产出的国内价格，它是经间接税调整后的国内供给价格。

$$PM_c = pwm_c (1 + tm_c) \cdot e \qquad (7-17)$$

$$PE_c = pwe_c (1 - te_c) \cdot e \qquad (7-18)$$

$$PD_c = PS_c (1 + ti_c) \qquad (7-19)$$

另外两个重要的价格变量分别如方程（7-20）和（7-21）表示，为两类复合品价格，分别为国内总产出价格和国内市场的复合产品价格。

$$PQ_c = (PD_c \cdot QD_c + PM_c \cdot QM_c) / Q_c \qquad (7-20)$$

$$PX_c = (PS_c \cdot QD_c + PE_c \cdot QE_c) / QX_c \qquad (7-21)$$

最后，方程（7-22）是对基准价格水平的确定，由此，模型求解得到的其他价格均为该基准价格的相对价格。需要指出的是，基准价格水平变量并非固定的变量，而是可以由研究者根据特定的研究目的或研究者的偏好进行灵活选择。

$$PS_c = 1 \qquad (7-22)$$

3. 机构

这一部分主要定义各经济主体（家庭、政府、企业等）的收入和支出。

由于存量住房相关财产性收入的引入，本书 DCGE 模型中的家庭收入与标准模型有着重要的差别。如方程（7-23），除劳动和资本要素收入以及转移支付收入外，还包含另一项重要的收入，就是家庭从存量住房资产升值或出租获得的财产性收入，而其多少直接取决于家庭存量住房的持有及出租状况（式中的 i 代表家庭，h 表示住房）。

$$YI_i = \sum_f YF_{if} + sa_i \cdot HS \cdot \Delta P_h + sr_i \cdot HS \cdot \mu_r \cdot r_h + tf_{i,e} + tf_{i,g}$$

$$(7-23)$$

除家庭收入外，家庭消费及其他机构的收支方程与标准模型大体相同，具体如下：

方程（7-24）定义了家庭支出是消费支出和收入所得税支出之和；方程（7-25）定义了企业收入是企业要素收入和政府转移支付之和；方程（7-26）定义了企业支出是企业所得税和对家庭利润分配的总和；方程（7-27）定义了政府收入是直接税、间接税以及进出口关税的总和；方程（7-28）定义了政府支出是政府消费和政府对其他机构转移支付的总和。

$$EI_i = \sum_c QH_{ic} \cdot PQ_c + th_i \cdot YI_i \qquad (7-24)$$

$$YE = YE_k + tf_{e,g} \qquad (7-25)$$

$$EE = tr + \sum_i tf_{ie} \qquad (7-26)$$

$$YG = \sum_i th_i \cdot YI_i + \sum_c ti_c \cdot QX_c \cdot PS_c + \sum_c tm_c \cdot pwm_c \cdot QM_c \cdot e$$
$$+ \sum_c te_c \cdot pwe_c \cdot QE_c \cdot e + tr \qquad (7-27)$$

$$EG = \sum_c QG_c \cdot PQ_c + \sum_i tf_{ig} + tf_{eg} + tf_{rg} \cdot e \qquad (7-28)$$

4. 系统约束

这一部分主要描述 CGE 模型中的各种均衡关系。

由于家庭收入的变化，在系统约束模块中，对家庭收支平衡的约束方程也有一定的变化，虽然家庭可以通过住房出售变现房产升值的收益，但考虑到此类交易在存量住房总量中的比例较小，因此我们假定，家庭从房价上涨中获得的财产性收入不可变现，而是仍以房产财富的形式保留在住房财产中，可以变现的是家庭从住房出租获得的房租收入。如等式（7-29）所示，在家庭收支的平衡关系中，家庭收入减去家庭从住房价格变动中获得的收益等于家庭支出与家庭储蓄之和。

除家庭的收支平衡外，等式（7-30）表示政府收支平衡，即政府收入等于政府支出与政府储蓄之和；等式（7-31）表示储蓄—投资平衡，即总投资等于政府储蓄、家庭储蓄以及国外储蓄的总和；等式（7-32）表示国内产品市场的供求平衡；等式（7-33）表示要素市场平衡，即要素供给等于要素需求；方程（7-34）为国际收支平衡方程，其左边为国外账户支出，包括出口、国外要素收入和政府对国外的转移支付，右边为国外账户收入，包括进口和国外储蓄。

$$YI_i - sa_i \cdot HS \cdot \Delta P_h = EI_i + sh_i \cdot YI_i \qquad (7-29)$$

$$YG = EG + gs \qquad (7-30)$$

$$INV = gs + \sum_i sh_i \cdot YI_i + rs \cdot e \qquad (7-31)$$

$$Q_c = \sum_c QI_c + \sum_i QH_{ic} + QG_c + INV_c \qquad (7-32)$$

$$\sum_a K_a = ks, \sum_a L_a = ls \qquad (7-33)$$

$$\sum_c pwm_c \cdot QM_c + YF_k + tf_{rg} = \sum_c pwe_c \cdot QE_c + rs \qquad (7-34)$$

5. 跨期链接——递推动态模块

本书中动态 CGE 模型采用递归动态的形式，模型中不同时期间的链接通过对一些变量增长率的外生设定来实现，其中包括劳动、资本等变量增长率。如方程（7-35），我们假定劳动力的增长率固定，对于资本存量，如方程（7-36），假设上一期投资全部转化为当期资本，则当期资本存量等于上一期资本存量减去折旧再加上当期投资，而当期投资内生地由上一期的储蓄决定。

$$ls_t = ls_{t-1}(1 + g_{LAB}) \qquad (7-35)$$

$$SK_{t+1} = (1-\sigma)SK_t + INV_t \qquad (7-36)$$

另外，由于存量住房财产性收入的引入，在本书动态 CGE 模型的框架下，家庭部门收入和财富的变化不但取决于实体经济增长带来的收入增加，同时也依赖于因家庭所持有存量住房资产所带来的相关财产性收入。在这种情况下，有必要对存量住房资产和包括存量住房资产在内的家庭财富等动态变化予以界定。如方程（7-37），在第 t 期，全社会所有家庭存量住房资产总和 HS_t 为考虑价格变化的基期存量 HS_0 和基期至当期各期新增存量的加总（比如，HS_1 为基期住房资产存量 HS_0 乘以第 1 期住房价格的上涨比例，再加上第 1 期新增住房资产；HS_2 为第 1 期住房资产存量 HS_1 乘以第 2 期住房价格的上涨比例，加上第 1 期新增住房资产乘以第 1 期和第 2 期住房价格的累计上涨比例，再加上第二期新增的住房资产，……，以此类推）。

$$HS_t = HS_0 \cdot \prod_{\varphi=1}^{t}(1+\Delta P_{h,\varphi}) + \sum_{\varphi=2}^{t}\left[HN_\varphi \cdot \prod_{\lambda=\varphi+1}^{t}(1+\Delta P_{h,\lambda})\right]$$

$$(7-37)$$

家庭财富则由两部分组成，一是考虑利息收益的收入扣除家庭消费后的积累（包括要素收入、转移支付收入、房屋出租收入三种类型），另一部分是住房财富，如方程（7-38），家庭 i 的住房财富为其住房财富在总体中的比重 $sa_{i,t}$ 与所有家庭住房财富总量 HS_t 的乘积。

$$W_{it} = \sum_{k=0}^{t}\left(\sum_f YF_{i,f,k} + YR_{i,k} + tf_{i,e,k} + tf_{i,g,k} - \sum_c QH_{ic,k} \cdot PQ_{c,k}\right)$$
$$(1+r)^{k-1} + sa_{i,t} \cdot HS_t \qquad (7-38)$$

由于存量住房及其影响机制的纳入，本研究构建的 DCGE 模型不但能够反映每年新建住房价格变动的影响，而且能够反映数量更大的存量住房价格变动的影响。因此相对于已有的研究，本研究构建的 DCGE 模型所具备的理论基础更加完善，基于该模型对房价波动影响的衡量也更加全面和系统（见表 7-1、表 7-2）。

二、参数和外生变量的估计及设定

参数设定是运用 CGE 方法分析经济问题的重要环节，在静态 CGE 模型中，所涉及的参数包括各种生产投入和消费投入之间的替代弹性，本国产出在国内销售和出口之间的转换弹性，进口品与国内产出之间的替代弹性，收入、支出份额，税收税率，以及贸易参数等，而在动态 CGE 模型中，还需要对模型中外生变量的增长率进行设定。

参数和外生变量的设定的合理与否对模拟结果有着重要的影响，因此也在很大程度上决定着模拟结果的合理性和可靠性。实践中，一般采用两种方法，一是直接引用已有文献的取值，另一种是根据历史数据进行估算或运用计量模型估计，本书中模型的参数设定也是采用以上两种方法。

1. 参数的估计和设定

本书 DCGE 模型中各种投入、产出之间的替代弹性和转换弹性主要参考洛夫格伦（Lofgren，1999）的取值并结合敏感性检验进行设定，进出口弹性主要参考范金等（2004）的做法进行设定，各种税率、收入和支出等份额参数、转移参数等均运用校准法设定为 2007 年的当期值，并假定这些参数在后续模拟时期保持不变。

2. 外生变量的设定

对于外生变量的增长率，我们主要依据相关变量的历史平均增长率或参考已有研究的取值进行设定，表 7 - 3 给出了我们对劳动供给增长率、技术进步和折旧率的设定及依据，其他外生变量如政府消费、转移支付、外国储蓄等的增长率分别依据其历史平均增长率并结合敏感性检验进行设定。

表 7 - 3　　　　　　　　DCGE 模型主要外生变量增长率的设定

外生变量	设定值	设定依据
g_{LAB}	2.5%	考虑劳动要素质量的提高，参照王小鲁等（2009）的方法，笔者运用受教育年限法对人力资本存量的测算表明，1991～2001 年和 2001～2011 年我国人力资本存量的年均增长率分别为 2.9% 和 2.6%，虽未来我国人口老龄化趋势还会继续，但综合人口教育素质将进一步提高的因素，将其设定为 2.5%
α_a	2.0%	已有研究对我国近年来技术进步率的估计结果基本在 1%～4% 之间，由于对劳动力增长率的设定已考虑了素质提高因素，参考郑京海等（2008）的测算结果进行设定
σ	5.0%	参考国内外多数研究的设定

对表 7 - 3 中外生变量设定的详细说明如下：

首先，对于劳动力的增长率，我们基于对人力资本存量测算的结果进行设定。教育年限法是目前文献中较为常用的人力资本测算方法，我们的测算也使用了这一方法。

卢卡斯（Lucas，1988）将人力资本定义为其质量取决于教育程度的有效劳动力。依照这一概念并根据一些国内外学者（Chow，1993；胡永远，2005；王小鲁等，2009）的研究，就业人员人力资本存量为各类受教育程度就业人员人力资本存量的加权和。具体而言，通过将不同的教育水平（包括不识字或识字很少、小学、初中、高中、大专及以上）整合为三大类，即初级人力资本（包括不识字或识字很少与小学）、中等人力资本（包括初中）以及高级人力资本（包括高中、大专及以上），并将三类教育水平教育年数的折算系数分别设定为 1、1.4 和 2，以体现不同层次人力资本的"异质性"，由此对不同受教育程度人员所代表的人力资本存量进行折算。

基于各年份《中国统计年鉴》《中国人口统计年鉴》以及《中国劳动统计年鉴》中就业人员人数、就业人员受教育程度构成等相关统计数据，我们以就业人员为测算口径，用受教育年限法测算了我国 1991~2011 年的人力资本存量，结果见表 7 - 4。

表 7 - 4　　　　　　　以就业人员为口径计算的中国人力资本存量　　　　单位：万人年

年份	人力资本存量	年份	人力资本存量
1991	555741	2002	781172
1992	569152	2003	815522
1993	582671	2004	837397
1994	596265	2005	813875
1995	609680	2006	822176
1996	625735	2007	822415
1997	657774	2008	840515
1998	667689	2009	884333
1999	685411	2010	928595
2000	722998	2011	958782
2001	763783		

注：表中数据由相关年份《中国统计年鉴》《中国人口统计年鉴》《中国劳动统计年鉴》中的数据整理计算得到。

依据表 7 – 4 计算得到，1991～2001 和 2001～2011 年我国人力资本存量的年均增长率分别为 2.9% 和 2.6%，国内学者王小鲁等（2009）运用相同方法对 1999～2007 年我国人力资本存量年均增长率的测算结果为 2.5%，与我们的测算结果非常接近。

其次，关于技术进步率的设定。我们查阅了国内外对我国技术进步研究的文献。由于在模型设定、数据样本等方面的不同，已有文献对我国近年来技术进步率的估计结果存在较大的差异，但基本都在 1%～4% 之间，如恩（Young，2003），OECD（2005），张军、施少华（2003），吴延瑞（2008），郑京海等（2008），李宾、曾志雄（2009），等等。这些文献的另一个显著差异是，对劳动投入变量中是否考虑劳动力素质的提高因素（主要是教育）对测算结果有很大的影响，若劳动投入考虑了教育因素，则测算结果显著低于其他文献，比如郑京海等（2008）的测算就考虑了劳动力因受教育而素质提高的因素，其对 1995～2005 年的估计结果就比较低，为 1.9%。综合现有文献的测算结果，且考虑到我们对劳动力增长率的设定已考虑了素质提高因素，此处对技术进步率的设定参考了郑京海等（2008）的测算结果，设定为 2%。

最后，对折旧率的设定参考了诸多文献的设定。对折旧率的设定直接影响资本存量的增长率，因此是动态 CGE 模型中一个非常重要的外生参数。目前已有文献在处理资本测算估计的问题上，对折旧率的处理方法大多都是设定固定不变的折旧率，但设定值则有较大的差别，从 4%～10% 不等，其中采取 5% 折旧率的文献最为多见，比如世界银行（World Bank，1997），王和姚（Wang & Yao，2003），王小鲁、樊纲（2000），方文全（2012），等等，但也有少数文献以 5% 的折旧率为起点，假定未来平滑加速的折旧率（Chow，1993）。我们最终将折旧率设定为 5%，是基于以下三个方面的考虑：①以 5% 为设定值的文献最为多见；②虽折旧率高低与经济社会发展所处的阶段有一定关系，但在短期内（如 10～20 年），这一数值不会发生太大的变化；③为使本章中政策模拟的结果不受折旧率变化的影响，我们将折旧率设定为固定不变的数值。

三、DCGE 模型的闭合规则选择

闭合规则的选择确实是 DCGE 模型中的重要环节，其中涉及投资—储蓄、要素市场以及外部均衡三个方面。

1. 投资—储蓄的闭合规则

本章构建的 DCGE 模型中，投资储蓄采用乔根森（Johansen）闭合规则，即投资外生，储蓄内生。

2. 要素市场的闭合规则

要素市场（劳动、资本）采用新古典闭合：对于劳动要素，考虑到中国近年来劳动力由供给过剩转向供给不足的事实，尤其是 15～64 岁年龄人口的比重和绝对数都开始出现下降的趋势，预期未来我国劳动力短缺的现象将会更加严重；对于资本要素，考虑到近年来我国利率市场化进程的逐步推进，过去长期偏较低的利率水平将得以逐步改变，未来利率水平对资本的影响也将更加重要。

3. 外部均衡的闭合规则

外部均衡采用固定汇率体制的闭合：即汇率固定，外国净储蓄充当平衡变量。我国虽已实行有管理的浮动汇率制，但汇率浮动幅度较小，我们预计，巨额、大幅波动的外汇储备仍然是我国当前及未来一段时期内的常态。

第五节 本章小结

本章中，我们首先对一般均衡理论和 CGE 模型进行了简要回顾，然后对 CGE 模型相对于投入产出方法、SAM 乘数方法以及计量经济模型等的特点进行了比较，突出了 CGE 模型在分析经济问题上所具有的优势，并对 CGE 模型对产业经济问题研究的适合性和必要性进行了阐述，在此基础上，基于第六章中编制的包含存量住房的 SAM，我们构建了纳入存量住房影响机制的 DCGE 模型。

我们认为，由于在 SAM 对存量住房账户的引入及其与其他账户尤其是居民账户之间联系的建立、在 DCGE 模型中对存量住房及其影响机制的纳入，相对于已有的研究，我们构建的 DCGE 模型所具备的理论基础更加完善，基于该模型对房价波动影响的衡量也更加全面和深入。

在下一章中，我们将运用本部分构建的 DCGE 模型，从宏观、产业以及微观三个层面，对房地产价格波动对我国经济和社会发展的影响进行系统深入的分析和研究。

第八章

房地产价格波动的经济增长与
收入分配和贫富分化效应

第一节 引 言

之所以选择在动态 CGE 模型的框架下考察房地产价格变动的影响，主要尝试从以下两个方面对已有研究作出改进：

1. 揭示房地产价格变动对经济影响的动态特征

静态 CGE 模型和动态 CGE 模型的核心区别在于，静态 CGE 模型仅能考察某种外生冲击下，经济从一个均衡状态转变到另一个均衡状态的结果，而无法显示这种变化的路径，而在动态 CGE 模型中，由于时间维度的加入（当然，静态 CGE 模型的动态化还涉及对跨期优化行为的刻画、对外生变量增长路径的设定等诸多问题），因此不但能够考察外生冲击下经济均衡状态变化的结果，而且能够揭示均衡状态逐步变化的时间路径，也即每一年的变化程度以及逐年变化的累积效应。

第七章中，动态 CGE 模型的动态性主要体现在模型的跨期链接部分，也就是递推动态模块。这一部分可以分为两类内容：一类是对劳动力和资本存量未来增长率的设定，这是一般动态 CGE 模型中都有的内容，对劳动、资本增长率的设定与时间因素的引入共同实现了模型的动态化；另一类内容是我们构建的 DCGE 模型所特有的，即主要刻画城镇家庭存量住房资产和各类家庭财富积累的动态变化路径。

目前国内仅有个别文献关注了房地产波动的动态影响（见第五章），但局限于所用的研究方法，这些文献存在对房地产波动影响一般均衡特征的考虑不足、未直接关注房地产价格波动的动态影响等问题。对此，我们通过对静态 CGE 模型进行动态拓展，由此对房地产价格变动情景下，宏观、行业、部门收支等各变量的动态变化特征进行系统考察，这是已有文献尚未关注、但非常重要的内容。

2. 考察房地产价格变动对城镇家庭家庭收入和贫富差距的动态影响

之所以将房地产价格变动对收入和贫富差距的动态影响作为重点研究的内容之一，主要出于房地产资产及房地产行业特殊性的考虑（见第二章）。房地产资产的特殊性与房地产行业的特殊性使得房地产价格波动的影响更加广泛而且深远，这也是我们尝试研究这一问题的初衷所在。

综上所述，鉴于已有研究的不足，本章中，我们将基于第六章编制的包含存量住房的 SAM 和第七章中构建的纳入存量住房影响机制的 DCGE 模型，通过设定不同的房价变动幅度，运用定量模拟的方法，考察房价变动的影响，最终回答如下三个问题：

房价上涨和下跌对宏观经济、产业增长，以及收入和财富差距有着怎样的影响？

房价上涨和下跌对经济社会发展的影响是否对称？

怎样的房价变动模式能够带来普惠的结果？

对于房价变动模拟情景的设定，结合近年来我国住房市场的实际情况[①]，为对房价不同上涨幅度的影响进行对比，以及房价上涨和下跌影响的对称性进行考察，我们设定了房价上涨和房价下跌两种模式，而在两种模式中，分别将房价的上涨和下跌幅度设定为 5% 和 10%，分别对应房价温和上涨（下跌）和快速上涨（下跌）的情景。为便于叙述，下文中将房价保持不变的情景称为基准情景，将房价每年上涨 5% 和每年上涨 10% 的情景分别称为 5% 情景和 10%

---

① 由《中国统计年鉴》（2012）中商品房平均销售价格数据，1998～2010 年我国商品房价格年均涨幅高达 7.7%，而 2004～2010 年年均涨幅更是高达 10.4%。

情景，将房价每年下跌5%和下跌10%的情景分别称为 −5% 情景和 −10% 情景。

第二节　房价波动的经济增长效应

表8−1给出了不同房价变动情景下，对GDP、进口和出口三个宏观经济
变量增长率变动的模拟结果，图8−1~图8−3则直观显示了不同房价上涨
情景中GDP、进口和出口增长率相对于基准情景的变化情况。

表8−1　　房价不同涨幅情景下主要宏观经济变量增长率的模拟结果　　单位:%

	房价涨幅	2008年	2010年	2015年	2020年		房价涨幅	2008年	2010年	2015年	2020年
	−10%	7.63	7.64	7.48	6.65		−10%	9.36	9.47	9.61	9.28
	−5%	7.86	7.95	8.15	8.32		−5%	9.43	9.57	9.87	10.10
GDP	0%	7.93	8.03	8.25	8.46	出口	0%	9.45	9.6	9.91	10.16
	5%	7.99	8.09	8.34	8.57		5%	9.47	9.62	9.93	10.19
	10%	8.15	8.29	8.64	9.01		10%	9.50	9.65	9.99	10.26
	−10%	10.39	10.42	10.37	9.83						
	−5%	10.47	10.54	10.67	10.74						
进口	0%	10.49	10.56	10.7	10.80						
	5%	10.51	10.58	10.73	10.83						
	10%	10.55	10.63	10.79	10.91						

　　注：表中"房价涨幅"一列中的百分数表示设定的房价变动幅度，下文图表均与此相同，不再
重复说明。

首先，在基准情景中，在技术进步、劳动力等因素外生增长的推动下，
即使没有房价上涨的推动，各变量的增长率也都呈现出稳步提高的趋势，以
GDP为例，2008年其增长率为7.93%，到2020年则进一步提高到8.46%。

其次，房价变动对宏观经济变量影响显著。在房价变动的情景中，相比
于基准情景，房价的上涨和下跌使得各宏观经济变量的增长率相应地提高和
降低，提高和降低的幅度均呈现逐年扩大的趋势，而且房价的变动幅度越大，
对各宏观经济变量的影响也相应地越大。同样以GDP为例，在10%情景中，
2008年和2020年GDP增长率分别比基准情景提高了0.217和0.548个百分

点，说明随着时间的延长，房价上涨刺激下房地产业的增长对经济增长的影响不断深入，带动力度也逐步增大；同样，在 −10% 情景中，2008 年和 2020 年 GDP 增长率相对于基准情景的降低幅度分别高达 0.31 和 1.81 个百分点。

第三，对房价上涨和下跌影响的对比也显示，相对于房价上涨对经济增长的正向带动作用，相同幅度的房价下跌对经济增长的负面冲击更大，尤其是随着时间的延续和房价变动幅度的增加，这一特征更加显著。房价上涨和下跌影响的不对称特征在图 8 −1 ～图 8 −3 中表现得非常直观：以 GDP 增速

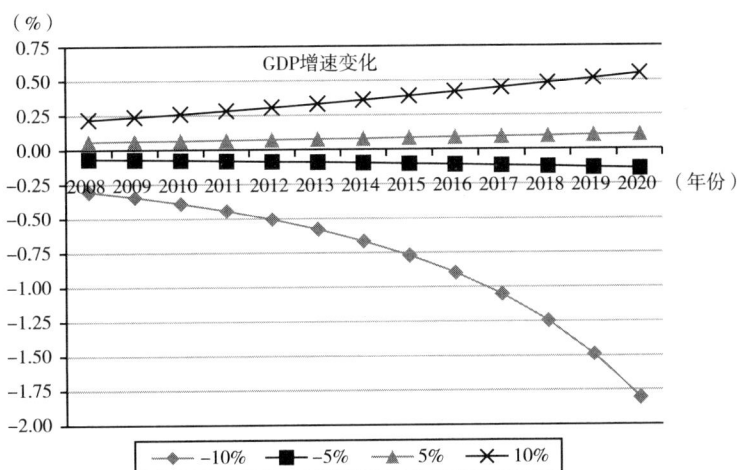

图 8 −1　房价不同涨幅情景下 GDP 增长率相对于基准情景的变化

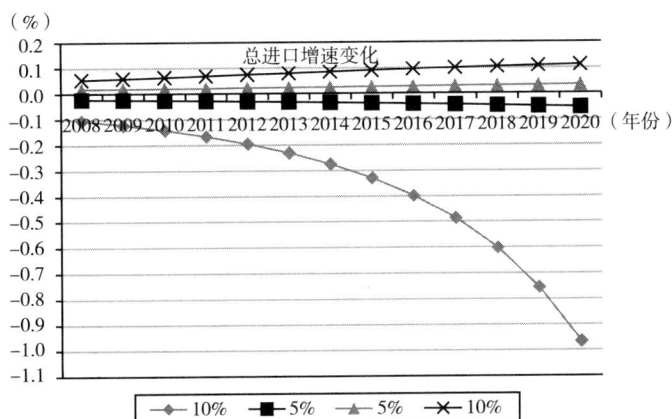

图 8 −2　房价不同涨幅情景下总进口增长率相对于基准情景的变化

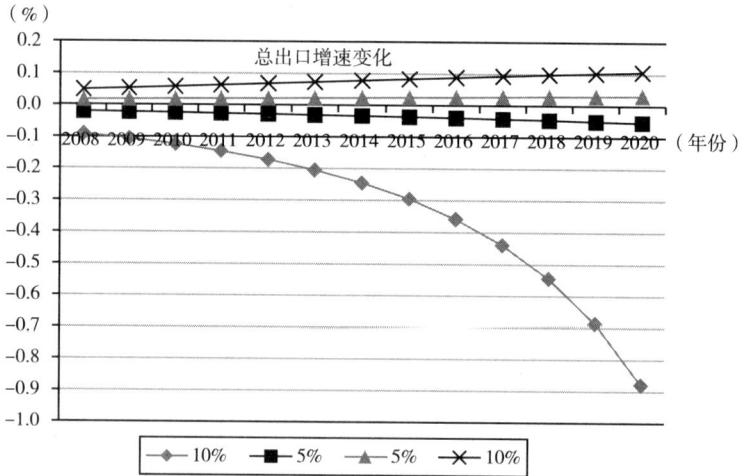

图 8-3　房价不同涨幅情景下总出口增长率相对于基准情景的变化

相对于基准情景的变化为例，在 10% 情景中，GDP 增速相对于基准情景之差明显向上（最上方的曲线），但相比于 -10% 情景下 GDP 增速相对于基准情景之差的急速下滑（最下方的曲线），前者明显要平缓得多。

另外，从不同房价变动情景的对比及与基准情景的对比看，房价变动对 GDP 的影响较大，而对进口和出口的影响相对较小，但就增长率的相对高低，在所有情景中，GDP 的增长率都显著低于其他两个变量。

第三节　房价变动对产业增长的带动效应

房价变动的行业影响是考察房价变动影响特征的重要方面。如表 8-2，在基准情景和房价上涨、房价下跌三种情景下，各行业产出增长率的变动表现出以下特征：

首先，就增长率的相对高低，在基准情景和所有四种房价变动情景中，建筑业、重工业、房地产业和公用事业等行业产出的增长率最高，除 -10% 情景中少数年份外，这四个行业产出的增长率一直保持在 10% 以上，甚至超过 11%，而其他行业产出的增长率都在 10% 以下。

表 8-2　　　　房价不同涨幅情景下各行业产出增长率变动的模拟结果　　　　单位:%

行业	房价涨幅	2008 年	2010 年	2015 年	2020 年	行业	房价涨幅	2008 年	2010 年	2015 年	2020 年
农业	-10%	8.22	8.26	8.26	7.83	金融业	-10%	8.80	8.91	8.96	8.18
	-5%	8.24	8.30	8.43	8.52		-5%	8.89	9.06	9.39	9.61
	0%	8.25	8.31	8.45	8.56		0%	8.93	9.10	9.45	9.70
	5%	8.25	8.31	8.45	8.57		5%	8.96	9.13	9.50	9.76
	10%	8.23	8.29	8.41	8.48		10%	8.98	9.16	9.55	9.84
轻工业	-10%	8.98	8.98	8.91	8.38	房地产业	-10%	10.10	10.10	10.04	9.88
	-5%	9.01	9.04	9.11	9.17		-5%	10.34	10.38	10.47	10.53
	0%	9.02	9.05	9.13	9.20		0%	10.40	10.44	10.54	10.61
	5%	9.02	9.05	9.13	9.21		5%	10.45	10.50	10.61	10.70
	10%	9.01	9.03	9.08	9.10		10%	10.70	10.80	11.08	11.40
重工业	-10%	10.67	10.63	10.42	9.76	服务业	-10%	8.10	8.29	8.50	7.95
	-5%	10.75	10.74	10.71	10.64		-5%	8.19	8.42	8.85	9.12
	0%	10.78	10.77	10.75	10.70		0%	8.21	8.45	8.90	9.19
	5%	10.80	10.80	10.78	10.74		5%	8.23	8.47	8.93	9.24
	10%	10.85	10.85	10.86	10.85		10%	8.26	8.50	8.99	9.30
公用事业	-10%	10.26	10.22	9.95	9.05	公共服务业	-10%	6.62	6.71	6.88	6.68
	-5%	10.36	10.36	10.32	10.21		-5%	6.63	6.74	7.02	7.28
	0%	10.39	10.40	10.37	10.28		0%	6.63	6.74	7.03	7.31
	5%	10.41	10.42	10.41	10.33		5%	6.63	6.75	7.04	7.32
	10%	10.46	10.48	10.49	10.43		10%	6.61	6.72	6.99	7.23
建筑业	-10%	10.75	10.53	9.97	9.39						
	-5%	10.86	10.86	10.84	10.83						
	0%	10.91	10.91	10.92	10.93						
	5%	10.96	10.96	10.98	10.99						
	10%	10.99	11.02	11.12	11.21						

注:表中需要说明的行业是,建筑业、房地产业所包含的内容如前所述,公用事业包括电力、热力的生产和供应业,燃气的生产和供应业,水的生产和供应业 3 个行业,服务业包括交通运输及仓储业,邮政业,信息传输、计算机服务和软件业,批发和零售业,住宿和餐饮业,租赁和商务服务业 6 个行业,公共服务业则指包括研究与试验发展业,综合技术服务业,水利、环境和公共设施管理业,居民服务和其他服务业,教育、卫生、社会保障和社会福利业,文化、体育和娱乐业,公共管理和社会组织 8 个行业,下文中的行业分类均与此处相同,不再重复说明。

其次，房价变动对不同行业影响的差别较大①，这一特征不但在房价上涨和房价下跌两类情景的对比中非常明显，而且即使同在房价上涨（下跌）的情景中，不同房价涨幅（跌幅）对同一行业的影响也存在较大的差异，因此，房价变动对各行业影响的大小和模式与房价变动幅度紧密相关。具体如下：

（1）房价温和上涨有利于房地产业对各行业带动作用的充分发挥，而房价过快上涨虽然能够使得与房地产关联度较高的行业产出增速显著提高，却会对其他行业产生显著的挤出效应。按产出增长率相对于基准情景的变化大小，受房价上涨带动作用最大的都是房地产业自身，其次是建筑业、金融业、重工业、公用事业和服务业，且上述带动作用有逐年增大的趋势。在5%情景中，2008年和2020年房地产业产出的增长率相比于基准情景分别提高了0.06和0.08个百分点，而在10%情景中，2008年和2020年房地产业产出增长率相比于基准情景的提高幅度分别达到0.31和0.79个百分点，房价上涨对房地产业的带动作用明显增大。其他行业明显不及房地产业，以受影响次大的建筑业为例，与基准情景相比，5%情景中，2008年和2020年建筑业产出的增长率分别提高了0.05和0.06个百分点，在10%情景中，2008年和2020年建筑业产出增长率分别相比于基准情景提高了0.08和0.28个百分点，只有约房地产业的1/4。目前我国已成为全球最大的建筑材料生产国和消费国，钢材和水泥的生产和消费尤其如此，这与我国房价非理性上涨背景下房地产业的超高速增长直接相关。

对于农业、轻工业和公共服务业则有完全不同的结果，房价温和上涨也使得这三个行业的产出增长率略有提高，不过提高幅度都非常有限，即使在带动效用最大的2020年，这三个行业产出增长率的增幅甚至不足0.01个百分点，印证了这些行业与房地产业之间较弱的产业关联。与预期相反的是，在房价涨幅较大（10%）的情景中，上述三个行业的产出增长率不但没有相对于基准情景提高，反而出现不同程度的下降，而且下降幅度随时间的延长而扩大，以服务业为例，在10%情景中，2008年其产出增速相对于基准情景下降0.03个百分点，而2020年则扩大至0.07个百分点。由此，房价的过快

①　不同房价变动情景下各行业产出增长率与基准情景的对比更能说明问题，此处未列出相关的对比结果，感兴趣的读者可根据表8-2中的数据计算得到。

上涨对这些行业带来了显著的挤出效应，与其他行业产出增速的明显提高共同形成"冰火两重天"的局面。国外研究也有类似的结论，如考尔森（Coulson et al.，2000）认为，房价上涨带动的住房投资大量增加会带动 GDP 增长并引发通货膨胀，这又会导致货币存量降低和利率水平上升，由此对非住房投资产生挤出效应。对于这一结果，笔者认为，其主要原因在于，首先，房地产与上述三个行业之间的关联较弱，加上 DCGE 模型由劳动力要素增长外生设定、投资由储蓄内生决定所带来的有限要素供给（现实中的情形也基本如此），房价暴涨刺激下房地产及其关联密切的建筑业、重工业等的快速增长对各类生产要素产生了强烈的虹吸效应，以致房地产膨胀不但未能带动农业、轻工业和公共服务业增长，反而挤占了其增长空间。其次，上述结果与房价上涨对居民消费和储蓄行为的扭曲也有很大关系。上述三个行业多属于消费品行业，而虚高的房价在很大程度上制约了居民对这些行业产出的消费。近年来我国居民的消费率一直很低，其中 2008 年仅为 35.3%，不但大大低于同年美国的 70.1%，也低于同属发展中国家印度的 54.7%，虽然这与中国百姓的消费观念有一定关系，但其中更重要的却是经济原因，毕竟目前我国的社会保障状况与发达国家的差距还很大，尤其是虚高的房价已成为居民消费增长的最大障碍。第三，近年来严重的房地产投资和投机造成大量住宅的空置，这也成为房地产膨胀未能带动轻工、纺织等下游消费品行业增长的原因之一。

（2）房价下跌拖累所有行业增长，且随着房价下跌幅度的加大和房价下跌冲击时间的延长而加剧。房价下跌不但使得房地产业受到较大的负面冲击，其他所有行业也受到不同程度的拖累，而且房价下跌的幅度越大，持续时间越长，对各行业增长的拖累也越明显。从产出增速相对于基准情景的变化而言，房地产业、建筑业、金融业、公用事业等所受拖累最为明显，以房地产业为例，在 -5% 情景下，2008 年和 2020 年房地产业产出增速相对于基准情景分别降低了 0.05 和 0.08 个百分点，而在 -10% 情景中，上述两个数值分别达到 0.30 和 0.73 个百分点。相对而言，农业、轻工业和公共服务业三个行业所受拖累最小。

（3）随着房价下跌的持续，房价下跌对房地产之外其他行业的拖累更大。房价下跌的初期，房地产自身所受的负面冲击首当其冲，在房价温和下跌（−5%）和快速下跌（−10%）情景中，2008 年房地产业产出增速相对于基准情景分别降低了 0.05 和 0.3 个百分点，显著高于其他所有行业，但值得注意的是，随着房价下跌冲击的持续和影响的深入，房价下跌的负面影响更多地蔓延至房地产之外的其他行业，在 −5% 情景中，从 2012 年开始，建筑业产出相对于基准情景的下降幅度超过房地产业，成为受房价拖累最大的行业，从 2017 年开始，又有金融业产出增速相对于基准情景的下降幅度超过房地产业，成为受房价拖累最严重的第二大行业。上述特征在房价快速下跌（−10%）的情景中更为突出，以模拟末年的结果为例，仅农业和公共服务业两个行业的产出增速相对基准情景的下降幅度小于房地产业，而其他六个行业均超出房地产业，其中建筑业的下降幅度最大，为 1.54 个百分点，而同期房地产业产出增速的下降幅度仅有 0.73，结合前文中房价变动对宏观经济变量影响的模拟结果，不难看出，房价下跌导致的房地产增速下行成为整个经济下行的放大器，这与房价上涨情景下房地产自身受益最大的结果形成极其鲜明的对比。

最后，从房价涨跌对不同产业影响的对比看，除房地产业自身外，对于所有其他行业，相比于房价上涨的正面带动效应，相同幅度房价下跌对各行业的负面冲击更大，其中尤以与房地产关联度最高的建筑业和金融业最为显著。以 2020 年建筑业和金融业的增速为例，10% 情景中，建筑业和金融业产出增速相比于基准情景分别提高了 0.29 和 0.14 个百分点，而在 −10% 情景中，上述两个行业的产出增速相比于基准情景的下降幅度分别达到 1.54 和 1.52 个百分点，分别比 10% 情景中的变化幅度高出 1.25 和 1.38 个百分点。

第四节　房价变动的收入和财富分配效应

对房价上涨影响的考察不能仅仅关注其经济增长效应，更要关注其社会效应，而这恰恰被国内外学者普遍忽略。此部分中，我们考察了房价变动对两个层次收入分配的影响，一是房价变动对总收入在政府、企业、家庭三大类主体之间分配的影响，二是房价变动对城镇家庭收入分配的影响。另外，我们也基于模拟的家庭分组收入和住房财产数据，考察了房价变动对城镇家庭收入和财富不平等的影响。

一、房价变动的部门收入影响及对比

如前上一章所述，由于存量住房的引入，相对于标准的 CGE 模型，城镇家庭的收入构成增加了新的内容，即与存量住房相关的财产性收入。近年来在我国住房存量快速增加和房价快速上涨的背景下，与存量住房相关的财产性收入急速增长，再加上城镇家庭住房财产的显著不平等，与存量住房相关的财产性收入对总收入分配应该有着显著的影响。本部分中，为考察存量住房财产性收入的重要性及其变动对收入分配的影响，我们分别考察了各种房价变动情境下，各类城镇家庭不包含存量住房相关收入和包含存量住房相关收入变化的模拟结果，并对两种结果进行了对比。

1. 家庭收入增速的变动及比较

各收入等级城镇家庭不包含存量住房相关收入增长率的模拟结果见表 8-3。由表 8-3 中的结果，我们可以看出，在房价变动的情景中，城镇家庭不包含住房相关收入的增长率呈现出以下特征：

首先，在所有情景中，各收入水平城镇家庭收入的增速均为正，所不同的是，相比于基准情景，房价上涨使得不同收入水平家庭的收入增速均有所提高，而房价下跌则使得各类家庭收入的增速出现不同程度的放缓，房价变动幅度越大，对各类家庭收入的影响也越大，说明房价变动对居民收入影响显著。从不同家庭收入增速的相对高低看，家庭收入增速与家庭收入水平高低正相关，即家庭收入水平越高，其收入增速也越高。值得注意的是，在房价下跌的情景中，房价小幅下跌（-5%）虽然使得所有家庭的收入增速都出现不同程度的下降，但仍能够保持逐年提高的趋势，而在房价跌幅较大（-10%）的情景下，各类家庭收入增速仅在模拟初期少数年份略微提高，随即转入逐年下降的状态，以最高收入户为例，2008 年其收入增速为7.24%，而到2020 年则降低为6.27%，下降幅度接近 1 个百分点。

表 8-3　　　　房价不同涨幅情景下城镇家庭收入增长率的模拟结果　　单位:%

家庭	房价涨幅	2008	2010	2015	2020	家庭	房价涨幅	2008	2010	2015	2020
最低收入户	-10%	5.87	5.90	5.89	5.56	中高收入户	-10%	7.04	7.05	6.93	6.16
	-5%	5.96	6.02	6.18	6.35		-5%	7.24	7.33	7.53	7.70
	0	5.99	6.06	6.24	6.43		0	7.30	7.39	7.62	7.84
	5%	6.02	6.09	6.28	6.49		5%	7.35	7.45	7.70	7.93
	10%	6.08	6.17	6.41	6.70		10%	7.48	7.61	7.95	8.30
低收入户	-10%	6.15	6.18	6.16	5.72	高收入户	-10%	7.14	7.15	7.01	6.21
	-5%	6.28	6.35	6.54	6.72		-5%	7.35	7.43	7.63	7.80
	0	6.32	6.40	6.60	6.82		0	7.41	7.50	7.73	7.94
	5%	6.35	6.43	6.66	6.89		5%	7.46	7.56	7.80	8.04
	10%	6.43	6.53	6.82	7.15		10%	7.60	7.73	8.06	8.41
中等偏下户	-10%	6.82	6.84	6.75	6.05	最高收入户	-10%	7.24	7.25	7.10	6.27
	-5%	7.00	7.09	7.30	7.48		-5%	7.45	7.54	7.74	7.90
	0	7.06	7.15	7.39	7.61		0	7.52	7.61	7.84	8.04
	5%	7.11	7.21	7.46	7.70		5%	7.57	7.67	7.91	8.14
	10%	7.23	7.35	7.69	8.04		10%	7.71	7.84	8.18	8.52
中等收入户	-10%	6.97	6.99	6.88	6.13						
	-5%	7.17	7.26	7.46	7.64						
	0	7.23	7.33	7.56	7.77						
	5%	7.28	7.38	7.63	7.87						
	10%	7.41	7.54	7.88	8.23						

注:(1) 表中用以计算增长率的收入未包含存量住房相关财产性收入;(2) 表中从最低收入户到最高收入户在全体样本中的比重依次为 10%、10%、20%、20%、20%、10%、10%。后文同,不再重复说明。

其次,从房价变动对不同家庭收入影响的对比看,房价变动对高收入家庭的影响大于低收入家庭,在房价上涨和房价下跌两类情景中均如此。以两类极端家庭即最高收入户和最低收入户为例,在 10% 情景中,2008 年和 2020 年最高收入户收入增速相对于基准情形分别提高了 0.194 和 0.484 个百分点,但最低收入户的提高幅度分别仅有 0.088 和 0.273 个百分点;而在 -10% 情景中,2008 年和 2020 年最高收入户收入增速相对于基准情形分别降低了 0.283 和 1.772 个百分点，但最低收入户的降低幅度也要小得多，分别仅有 0.125 和 0.868 个百分点。

最后，从房价上涨和房价下跌影响的对比看，房价下跌对所有家庭收入增速的负面影响要大于房价上涨的正面影响，而且房价涨跌的幅度越大，对各类家庭收入影响的不对称特征越明显。以受影响最大的最高收入户为例，在 -5% 情景中，2008 年和 2020 年最高收入户的收入增速分别为 7.45% 和 7.90%，分别比基准情形降低 0.064 和 0.191 个百分点，而在 5% 情景中，2008 年和 2020 年最高收入户的收入增速分别为 7.57% 和 8.14%，比基准情形中提高的幅度仅有 0.054 和 0.1 个百分点。在 -10% 情景中，2008 年和 2020 年最高收入户的收入增速分别为 7.24% 和 6.27%，分别比基准情形降低 0.28 和 1.78 个百分点，而在 10% 情景中，2008 年和 2020 年最高收入户的收入增速分别为 7.71% 和 8.52%，比基准情形中提高的幅度仅有 0.19 和 0.48 个百分点。

对于包括住房相关收益（即包括家庭因持有住房而得到的房产升值受益和房屋出租收益）的总收入增速，需要说明的是，在房价下跌的情景中，房价下跌导致居民持有的住房资产缩水，再加上房价下跌导致经济增速下降对居民收入带来的负面影响，包括住房相关收益的居民总收入增速应有所下降，这在中等收入及以下各类家庭中得到验证，但与预期相反的是，中等收入以上家庭包含住房相关收益的总收入增速不但没有下降，反而有所上升，尤其是最高收入家庭上升更为明显，出现了统计学上的"辛普森悖论"，导致基于收入增速的分析无效，鉴此，在后文的分析中，我们不再讨论房价下跌情景下不同家庭包含存量住房相关收益总收入增速的变化情况，而是以房价每年上涨 10% 的情景为例，并结合不包含存量住房相关收入的模拟结果，考察房价上涨的收入分配效应，其中 10% 情景下包含存量住房相关收入的结果见表 8-4。

表 8 - 4 　　　　房价每年上涨 10% 情景下城镇家庭收入增长率的模拟结果　　　单位:%

年份	最低收入家庭	低收入家庭	中等偏下家庭	中等收入家庭	中高收入家庭	高收入家庭	最高收入家庭
2008	6.081	6.429	7.235	7.532	7.722	8.163	8.594
2010	6.168	6.533	7.361	7.660	7.848	8.280	8.695
2015	6.414	6.823	7.697	7.993	8.172	8.571	8.940
2020	6.703	7.150	8.050	8.333	8.496	8.852	9.168

注：表中用以计算增长率的收入包含存量住房相关财产性收入。

结合表 8 - 3 与表 8 - 4 中的模拟结果，显然，房价上涨提升了城镇家庭收入增速，但不同组别增幅升幅却不尽相同，因此有必要通过增速差距这一视角，对不同城镇家庭的收入分配状况进行更为深入的分析。

首先，我们比较了最高和最低收入家庭的收入增速差距（见图 8 - 4）。

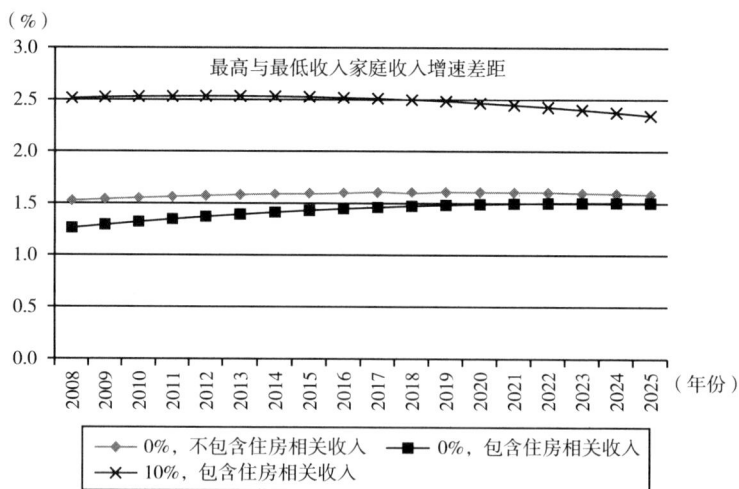

图 8 - 4　房价不变与上涨 10% 情景下最高与最低收入家庭收入增长率的对比

（1）房价不变时，若不包含住房相关收入，最高和最低收入家庭收入增速差距基本固化在 1.5 ~ 1.6 个百分点的水平上；若将住房相关收入包含在内，最高和最低收入家庭的收入增速差距更小，模拟期初仅为 1.3 个百分点。

结论一：房价不变，最高与最低收入家庭之间的收入增速差距缩小，绝对差距扩大。

结合现实情况来讨论这一结论的可靠性。房价不变意味着住房资产无升值，也就是说家庭的住房相关收入中没有资产溢价收入而只有房租收入。对低收入家庭来说，一般无住房或者仅有一套自住房，没有额外房租收入，收入增长完全与工资增长幅度一致；对高收入家庭来说，富余房产租金收入在其总收入中占有一定比重，由于我国房租增长相对较慢[①]，反而有可能降低其总收入增速。因此，在纳入住房相关收入后，两组家庭之间的增速差距缩小，但最高家庭总收入增速仍在最低家庭之上，因此收入的绝对差距还会继续拉开。

（2）房价上涨 10%，最高和最低收入家庭的收入增速差距在模拟期初骤然拉大至 2.5 个百分点以上，比房价稳定时高出 1 个百分点。然而，这一差距并未随时间推移而扩大，而是经过 10 年左右的稳定期后开始逐年加速缩减，至模拟期末已经缩小至 2.3 个百分点。如果将模拟期延长 10 年至 2035年，差距会再缩小 0.3 个百分点，但依然远高于房价稳定时的差距水平。

结论二：房价上涨，最高与最低收入家庭之间的收入增速和绝对差距均扩大。长期来看，只要房价涨幅稳定，最高和最低收入家庭之间的收入增速差距能够有所回落，但仍高于房价不变的情景。

在我国居民投资渠道有限的情况下，高收入家庭往往持有多套、高价值房产，因此能够从房价上涨中获取不菲的溢价收入，极大地提升其收入增速。因此，一旦房价上涨，最高和最低收入家庭之间的收入差距会快速拉大。

若房价涨幅维持 10% 不变，则住房资产溢价收入增速也就固定在 10% 的水平上，此时，工资性收入将成为家庭总收入增速的决定因素[②]。在我国社会保障制度不断完善和转移支付调节能力持续增强的背景下，低收入人群工资性收入增长会加快，高收入人群工资性收入增长会放慢，长期有趋同之势。

---

① 上海易居房地产研究院专题报告（杨红旭，2009）显示：2004～2008 年，我国房屋租赁价格指数增幅维持在 2% 上下，房屋销售价格指数增幅却高达 6%～10%。

② 按照国际劳工组织和 Canbera 小组对收入分类的定义，收入可以分为工资性收入、财产性收入、转移性收入，此处我们把转移性收入作为工资性收入的净增或净减项合并处理，合并后的结果称为工资性收入。并假设我国居民受投资渠道和偏好所限，非地产类财产性收入占总收入比重非常小，因此，不考虑它对总收入增速的影响。

但是，由于工资性收入增速差距的缩小不足以抵消房价上涨带来的初始冲击，因此总收入增速差距不可能回到房价稳定的水平上。但只要涨幅稳定，最高和最低收入家庭之间收入差距拉开的速度会逐渐减缓。

其次，为了考察结论的普遍性，我们也比较了最高与中等收入户的增速差距变动状况，图 8-5 中三条增速差距曲线的相对位置和形态与图 8-4 是基本一致的，因此其结论也是完全相同的，进一步地检视所有结果，可以确定上述两个结论在最高收入家庭与其他收入家庭对比中均成立。

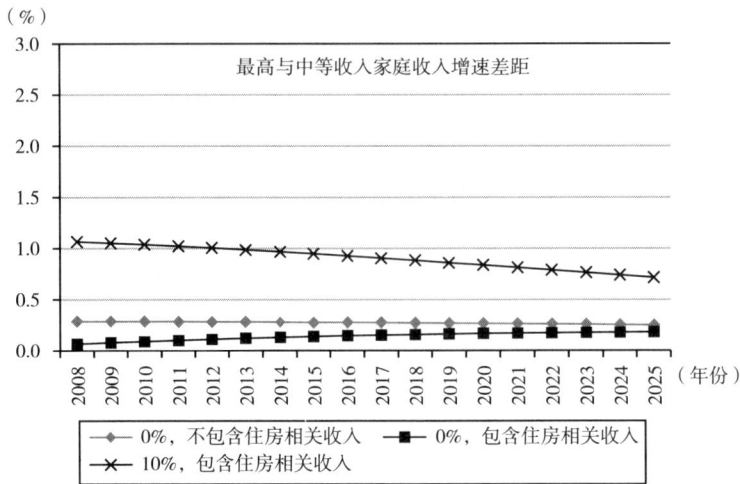

图 8-5　房价不变与上涨 10％情景下最高与中等收入家庭收入增长率的对比

但分析并未止于此。图 8-5 中三条增速差距曲线全部下移。房价上涨10％时，最高和中等收入家庭之间的增速差距拉开至 1.1 个百分点，之后差距会逐渐回落，2025 年缩小至 0.7 个百分点，2035 年仅剩 0.5 个百分点。相较于最高和最低收入家庭，房价上涨引致的差距要小得多。究其根源，在于房产投资是我国中等收入群体实现财富保值增值的首选，他们也能够从房价上涨中分一杯羹。虽然我们主要关注的是房价上涨的影响，但必须强调，房价上涨之后的暴跌，对中等收入群体的打击可能也是致命的，因为他们不像最富阶层那样，具有将房产增值转移至其他资产或者其他国家的能力。

结论三：房价上涨会拉开高收入家庭和所有其他收入组别之间的收入增

速差距，但对中等收入及以上组别，拉开幅度较小。

综上所述，房价上涨导致我国收入分配不公平的状况进一步恶化。虽然从收入增速差距上看，差距扩大的幅度比房价涨幅小得多，但反映在绝对量上将是令人惊愕的数字，足以损害社会阶层之间正常的流动性，形成社会安定隐患。

2. 部门收入增速的变动及比较

表8-5和图8-6、图8-7分别给出了房价上涨和下跌两类情景下，政府和企业收入的增速及其变化情况。

表8-5　　　　房价不同涨幅情景下政府和企业收入增长率的模拟结果　　　　单位:%

年份	政府收入增长率					企业收入增长率				
	-10%	-5%	0%	5%	10%	-10%	-5%	0%	5%	10%
2008	8.444	8.594	8.635	8.674	8.790	7.997	8.247	8.318	8.380	8.555
2010	8.481	8.671	8.717	8.759	8.901	8.005	8.334	8.414	8.482	8.695
2015	8.499	8.846	8.905	8.959	9.184	7.846	8.528	8.635	8.723	9.057
2020	8.386	8.994	9.071	9.138	9.478	7.039	8.690	8.835	8.946	9.440

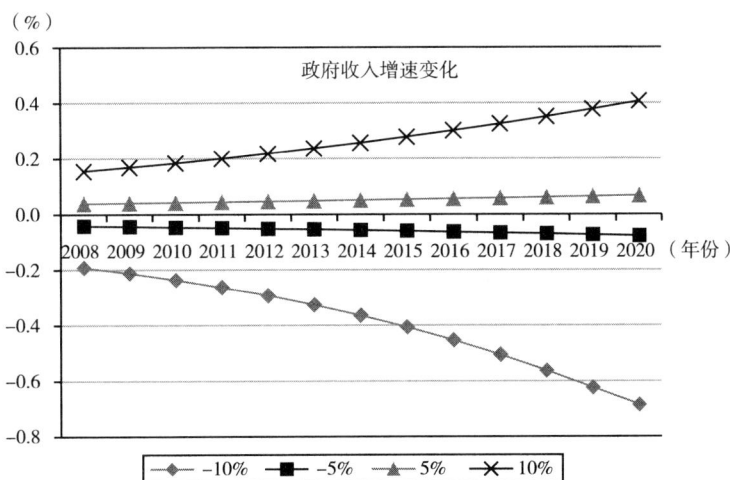

图8-6　房价不同涨幅情景下政府收入增长率相对于基准情景的变化

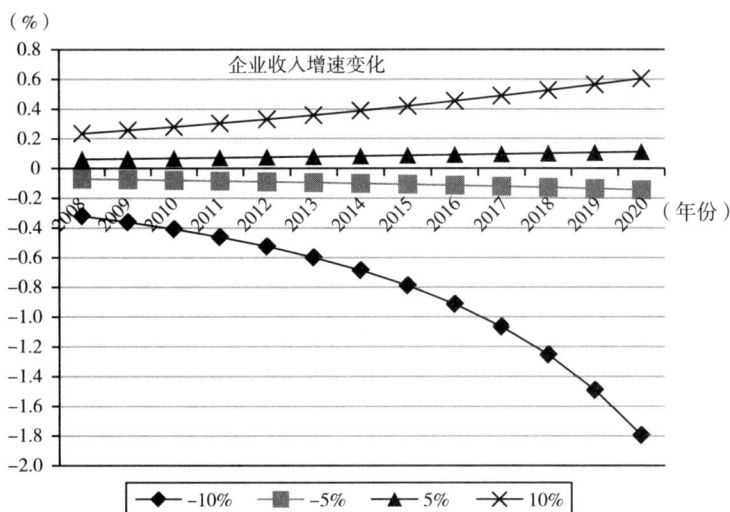

图 8 - 7　房价不同涨幅情景下企业收入增长率相对于基准情景的变化

首先，如表 8 - 5 所示，在基准情景和两种房价上涨情景下，政府和企业两部门收入增速均呈现出逐年提高的趋势，虽然在 - 5% 情景下，两部门收入增速都有所减缓，但仍保持逐年提高的状态，仅在 - 10% 的情景下，政府和企业收入增速出现相对于基准情景下降的情形。

其次，相对于基准情景，房价上涨和下跌分别使得政府和企业的收入增速相应地提高和降低，且对企业的影响明显大于政府，在房价变动幅度较大的情景中尤其如此。但由于政府收入增速的绝对值较高，在所有模拟情景中，政府收入的增速始终高于企业，即使是在房价上涨的情景中，房价上涨虽然使得企业收入增速提高幅度接近于政府的两倍，与政府之间的差距不断缩小，但始终未能超过政府收入的增速。但反过来，在房价下跌的情景中，由于企业所受的负面影响更大，因此企业收入增速与政府之间的差距反而越来越大。

再次，房价下跌对企业和政府收入的负面冲击显著大于房价上涨的正面影响。如图 8 - 7，以对企业收入增速的模拟结果为例，在 10% 情景中，2020年企业收入增速相对于基准情景提高了 0. 605 个百分点，而在 - 10% 情景中，2020 年企业收入增速相对于基准情景的降低幅度却高达 1. 796 个百分点。

最后，就三大类部门在不同情景中收入增长率的对比，政府收入的增长率几乎都是最高的，其次是企业，家庭的收入增长率则一律低于政府和企业，即便是收入增速最高的最高收入户，其在不同情景中的收入增速也明显不及政府和企业，对比尤其鲜明的是，在房价上涨的情景中，即使纳入存量住房相关收入，即使是最高收入家庭，其收入增长率仍低于政府和企业，这一结果佐证了近年来我国房地产膨胀带动的经济增长中，收入流向存在明显的不均衡特征，家庭的收入增长相对缓慢，而政府成为"蛋糕"分配中最大的赢家。

我们认为，上述结果与近年来全国各地大行其道的"土地财政"直接相关。暂不考虑名目繁多的房地产税费收入，分税制改革以来，土地已成为地方政府生财的重要工具，土地出让也相应地成为地方政府的重要收入来源。根据《中国统计年鉴2012》《中国国土资源统计年鉴2012》等统计资料中的相关统计数据，2000年以来，我国国有建设用地出让收入超高速增长，2001年仅有1296亿元，2011年则增加到32126亿元，十年间增加了近24倍，年均增速更是高达43.8%，与此相应，土地出让收入在地方财政收入中的比重也迅速爬升，其中2001年仅为16.6%，而2011年则高达61.1%，十年间提高了近45个百分点。相比于土地出让收入，城镇家庭人均可支配收入的增长则"相形见绌"，从2001年的6860元增加到2011年的21810元，仅是2001年水平的3.2倍，期间的年均增长率也仅有12.3%。

"土地财政"有着特定的经济社会发展背景和深刻的制度原因。近几十年来我国的"土地财政"广受社会诟病，高额的土地出让收入在成为地方政府财政收入重要来源的同时，也必然成为高房价的重要构成部分。更为关键的是，由于中央对房价的调控与地方政府借助房地产刺激地方经济发展、增加财政收入等目标相悖，中国的房价调控一直难以跳出中央与地方政府的博弈怪圈，以致"土地财政"与房价上涨之间的恶性循环愈演愈烈，这不但使得地方政府对地区经济的"援助之手"转变为"攫取之手"（陈抗等，2002；王文剑、覃成林，2008），也严重扭曲了全社会范围内的收入分配。

二、房价变动对城镇家庭收入和贫富差距的影响

基于城镇分组家庭的收入模拟结果，可以粗略计算收入和财富不平等的基尼系数[①]，由此考察房价变动对收入和财富差距的影响。

---

① 运用汪燕敏等（2006）给出的基尼系数公式计算。

1. 城镇家庭收入不平等

为考察与住房相关的财产性收入在城镇家庭收入中的重要性以及其分配状况对收入分配的影响，此部分同时给出了两种口径收入的基尼系数，一种是一般意义的收入，而另一种是总收入，即包含家庭因拥有房产而获得的财产性收入，当然，在房价下跌的情景中，由于住房价值缩水，住房增值收益为负。

如表 8-6 和图 8-8、图 8-9 所示，在房价变动冲击的影响下，城镇家庭收入基尼系数呈现出以下变化特征：

表 8-6　　　房价不同涨幅情景下城镇家庭收入基尼系数的计算结果　　单位:%

年份	城镇家庭收入基尼系数 （不包括住房相关收入）					城镇家庭收入基尼系数 （包括住房相关收入）			
	-10%	-5%	0%	5%	10%	-10%	-5%	5%	10%
2008	0.453	0.455	0.456	0.458	0.459	0.322	0.362	0.437	0.472
2010	0.459	0.461	0.462	0.463	0.465	0.349	0.374	0.440	0.480
2015	0.471	0.475	0.476	0.478	0.480	0.389	0.398	0.448	0.499
2020	0.480	0.488	0.490	0.492	0.495	0.408	0.416	0.456	0.517

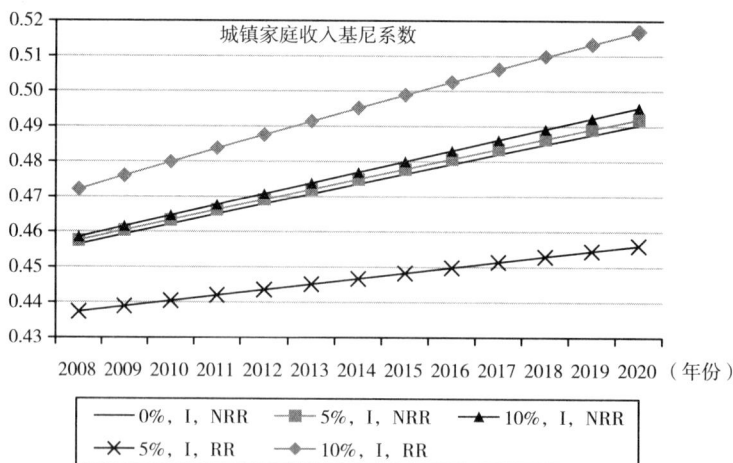

图 8-8　房价上涨情景下城镇家庭收入基尼系数

注：图 8-8 和图 8-9 中，I 表示收入，NRR 表示用以计算收入基尼系数的收入未包含住房相关收益，RR 则表示用以计算收入基尼系数的收入包含住房相关收益。

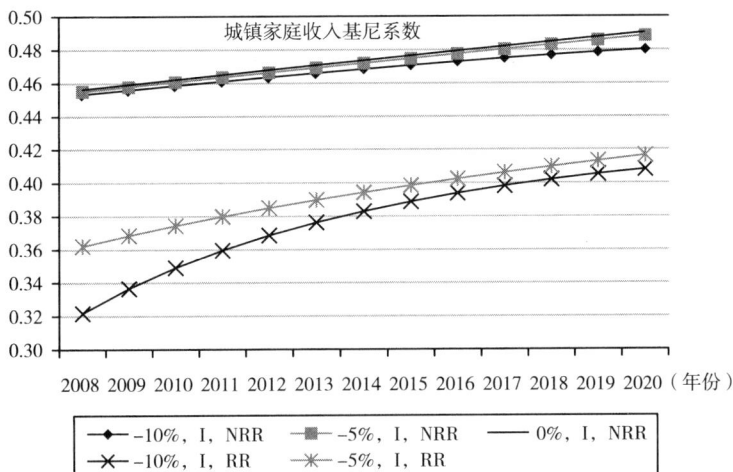

图 8 - 9　房价下跌情景下城镇家庭收入基尼系数

首先，若不包含存量住房相关收入，在基准情景和房价涨跌两种情景下，城镇家庭收入基尼系数都呈现出逐年提高的趋势，以基准情景为例，2008 年的基尼系数为 0.456，2020 年则提高至 0.490，说明虽然我国当前收入不平等程度已经较高，但仍有进一步恶化的趋势。

其次，就不同情景下收入不平等程度高低的对比而言，以基准情景为参照，房价上涨使得基尼系数提高，收入不平等程度有所加剧，而房价下跌则使基尼系数有所降低，收入不平等程度有所缓和。由表 8 - 6 中的数字及图 8 - 8，虽然不同情景下不包含存量住房相关收入的基尼系数之间的差异并不大，但这已经充分说明，在既定不平等的收入分配格局下，房价变动对经济增长的冲击具有明显的收入分配效应。

最后，存量住房相关收入变动对城镇家庭收入分配有着举足轻重的影响。如表 8 - 6 和图 8 - 9 中所示的情形，若将存量住房相关收入包含在内，在房价下跌的情景中，受收入增速放缓和房产价值缩水双重因素的负面影响，且高收入家庭所受的影响更大，因此与基准情景相比，包含存量住房相关收入的基尼系数明显下降，而且房价下跌幅度越大，基尼系数的下降也越明显。在 -5% 和 -10% 情景中，2008 年包含存量住房相关收入的基尼系数就从基准情景的 0.456 分别下降到 0.362 和 0.322，由此可见住房财富在不同家庭中分配的不平等程度之高和对收入分配的影响之大。但即便如此，房价下跌导

致的存量住房相关收入下降并不能改变总收入分配不平等提高的趋势，从表
8－6 中看，在 －5% 情景中，包含存量住房相关收益总收入的基尼系数从
2008 年的 0.362 逐步提高至 2020 年的 0.416，－10% 情景中则从 2008 年的
0.322 逐步提高至 2020 年的 0.408，出现这一结果的可能原因在于，存量住
房收入分配不平等的降低并不足以抵消一般性收入的不平等。反过来，如果
房价上涨，则高收入家庭从经济增长和房产升值中得到的收益更多，因此可
以预期总收入基尼系数明显提高，这也在 10% 情景中得到了证实，如表 8－6
所示，包含存量住房相关收益的总收入基尼系数在 2008 年和 2020 年分别达
到 0.472 和 0.517，显著高于基准情景。但有意思的是，在 5% 情景中，虽然
高收入家庭从经济增长和房产升值中得到的收益更多，但基尼系数却低于基
准情景，其中 2008 年的基尼系数为 0.437，而同年基准情景中不包含住房相
关收入的基尼系数则为 0.456，2020 年则比基准情景中更低。这一结果其实
并不难理解：虽然高收入家庭从房产升值中得到获益更多，但由于房产升值
速度（5%）低于一般性收入的增速（即便是最低收入户，其在房价上涨情
景中一般性收入的增幅也在 6% 之上），因而将住房相关收入纳入总收入不
但没有提高总收入的增速，反而拖累了其快速增长，以致高收入家庭与中
低收入家庭之间总收入差距有所减小，基尼系数下降。另外，即使与房价
下跌情景下不包含存量住房相关收益收入的基尼系数相比，房价上涨情景
下包含存量住房相关受益收入的基尼系数仍然相对较低，其中的原因与上
述基本相同，即房产升值相对收入增速较慢使得高收入家庭总收入增长相
对较慢，缩小了总收入差距。

上述结果有着明显的政策含义：纵然房价上涨所带来的相关收益更多地
为高收入家庭所占有，适度的房价上涨（低于居民收入增速）也无法改变总
体收入分配不断恶化的趋势，但却可以减缓总收入分配不平等的扩大速度，
相应地，房价下跌虽然对经济增长有明显的负面冲击，但却可以显著改善总
收入分配。

2. 城镇家庭财富不平等

对于财富不平等，我们的模拟结果（见表 8－7 和图 8－10）表明：

表 8 – 7 房价不同涨幅情景下城镇家庭财富基尼系数的计算结果 单位：%

年份	– 10%	– 5%	5%	10%
2008	0.666	0.675	0.690	0.696
2010	0.645	0.666	0.697	0.707
2015	0.579	0.643	0.709	0.725
2020	0.501	0.619	0.718	0.736

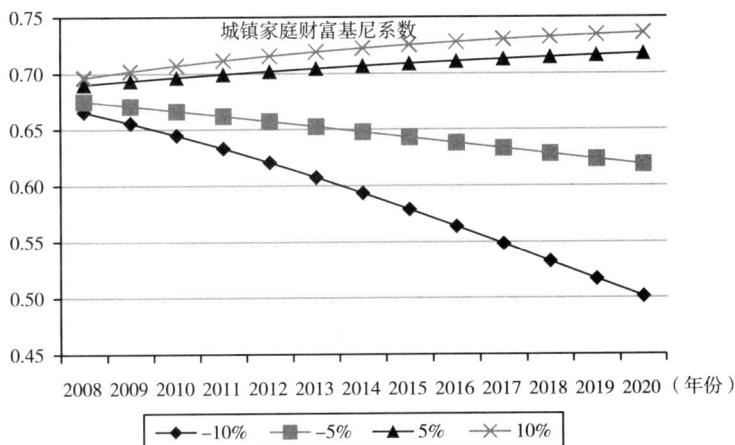

图 8 – 10 房价不同涨幅情景下城镇家庭财富基尼系数

一方面，与已有研究的结论相似，我们基于分组家庭财富计算的财富基尼系数显示，我国城镇家庭的财富不平等显著高于收入不平等。即便是在房价下跌导致财富基尼系数明显下降的情景中，除 10% 情景中 2020 年包含住房相关收入的总收入基尼系数外（0.517），财富基尼系数始终高于其他所有年份和所有口径的收入基尼系数。

另一方面，房价变动对财富分配的影响非常显著。由于房产财富在城镇家庭中所处的重要地位和其分配的严重不平等，房价变动对城镇家庭总财富不平等有着极为显著的影响，房价上涨导致财富基尼系数提高，而房价下跌导致基尼系数相应下降。在房价上涨的情景中，房价上涨所具有的"马太效应"使得财富不平等明显上升，而且房价上涨幅度越大，财富不平等的恶化也越快。在 5% 情景中，财富基尼系数从 2008 年的 0.690 上升到 2020 年的 0.718，十余年间的上升幅度接近 0.03，而在 10% 情景中，财富基尼系数则从 2008 年的 0.696 上升到 2020 年的 0.736，十余年间的上升幅度高达 0.4。相应地，在房价下跌的情景中，虽高收入家庭一般性收入增速较高，收入积累较快，但因其持有的房产较多，受房产价值缩水的影响较大，因此总财富差距缩小，基尼系数逐年下降，其中，在 -5% 情景中，城镇家庭财富基尼系数从 2008 年的 0.675 下降到 2020 年的 0.619，十余年间的下降幅度接近 0.06，而在 -10% 情景中的下降幅度更大，从 2008 年的 0.666 下降到 2020 年的 0.501，下降幅度高达 0.165。

上述结果清晰地印证了如下现实：在房价变动双重收入和财富分配效应的作用下，房价变动对收入和财富分配的影响具有明显的内生性和动态性特征——住房已成为城镇家庭收入和贫富差距变化的重要载体，房价也相应地充当了其中的传导变量。

第五节　本章小结

关于房价波动与经济发展之间的相互关系，国内已有较多的研究结论，房价暴涨暴跌对经济发展和社会稳定的危害也早已得到社会各界的公认，但对于房价涨跌的经济影响，至今都鲜有系统深入的定量研究。本章中，通过对不同幅度房价涨跌影响的考察及对比，我们从宏观、产业、部门三个层面，全面揭示了房价变动经济社会影响的规律和特征。

带动作用强和破坏性强是房地产区别于其他行业的两个极其鲜明的特征，相应地，房价也早已成为中国经济波动的重要内生影响变量。房价上涨能够带动 GDP 增长，行业产出增加，部门收入提高，相应地，房价下跌导致 GDP、行业产出以及部门收入等增速全线下行，而且影响力度随房价涨跌幅度的增加而明显加大。

但房价涨跌的经济影响具有鲜明的不对称特征。来自宏观、产业以及部门三个层面的证据均表明，房价上涨的正面带动效应明显小于其下跌的负面冲击效应，在房价涨跌幅度较大的情况下尤其如此。尤其值得注意的是，行业层面给出的证据也表明，房价上涨，房地产业自身受益最大，但如果房价下跌，所受拖累最严重的并不是房地产业，反倒是房地产之外的其他行业，由此，房价下跌成为经济下行的扩大器，现实中房地产崩盘引起经济衰退的现象在本章的结果中得到验证。

但上述结果并不意味着房价上涨一定能带来普惠的结果。我们的模拟结果显示，房价上涨过快会带来一些显著的负面结果：一方面，房价过快上涨会挤压一些行业的发展空间，导致产业结构升级受阻以致失衡更加严重；另一方面，在全社会收入向政府和企业部门倾斜的同时，也会使得本来已比较严重的城镇家庭收入和财富不平等更加恶化。另外，房价长期脱离基本面的暴涨很少能够避免房地产市场的崩盘，而这更是会为经济发展带来致命的打击。

与房价快速上涨的结果相比，我们的模拟结果表明，房价适度上涨能够带来"普惠"的结果：不但能够带动宏观经济变量、所有行业产出以及城镇家庭收入增速等提高，而且还能够对总收入和财富不平等的扩大起到一定的缓解作用。

结论及展望

第一节 主要结论

得益于住房分配体制改革、城镇化进程快速推进、宏观经济持续高速增长、地方政府积极推动等多重积极因素的影响，我国房地产业的发展经历了长达十余年的繁荣，为拉动经济高速增长、改善城镇居民居住条件等作出了巨大的贡献。但与此同时，在上述过程中，与房地产繁荣相伴随的房价持续飙涨也带来了一系列严重的经济和社会问题，为未来的健康可持续发展埋下了诸多隐患。

本书以近年来房地产持续繁荣对我国社会和经济发展所带来的影响为核心研究目标，从经济和社会，宏观、产业及微观等多个角度和多个层次，围绕近年来我国房地产持续繁荣过程中两个最为突出的问题展开研究：一是在微观层面，在房地产迅猛发展的过程中，我国城镇居民住房财产的分配特征及规律，以及其背后的主要驱动因素；二是在宏观层面，我们以房价波动的影响为观察窗口，研究了近年来房地产的持续快速发展对我国宏观经济、产业发展、居民收入等的影响。

对于微观层面的住房财富分配问题，我们基于微观家庭调查数据对我国城镇居民住房财富分配不平等指数的测算结果表明，我国城镇家庭住房财富分配的不平等程度已经达到非常高的水平，更为值得关注的是，这种不平等程度还有进一步提高的趋势。运用贡献率分解和面板门限计量模型对城镇家庭住房持有影响因素的研究结果均表明，导致我国转轨时期城镇家庭住房财产分配显著不平等的因素十分复杂，既有地区、户籍、党员身份等非市场因素，也有家庭收入差异、教育不平等等市场化因素，有中国特色的户籍制度加剧了住房财产的不平等，知识对城镇家庭住房财产积累影响显著，只有具备一定领导地位、或职称较高的少数人群而非普通党员才能在住房持有上占有优势，知识和党员身份（具备一定领导地位或职称较高的党员）对家庭住房财产积累的影响都存在显著的门限效应，随着家庭富有程度的提高，上述两类因素对家庭住房财产积累的影响显著增加，其中知识影响的门限效应最为明显。

对于宏观层面房地产发展的经济社会影响问题，我们以房价波动的影响为观察窗口，构建了纳入存量住房影响机制的 DCGE 模型，通过对不同幅度房价涨跌影响的考察及对比，从宏观、产业、部门三个层面全面系统地揭示了房价变动对我国经济和社会发展影响的规律和特征。我们的定量模拟结果印证了房价上涨刺激下房地产增长带动作用强的特征，但房价涨跌的影响并不对称，房价下跌冲击导致的房地产增速下滑对经济增长的拖累更大。与通常的预期相反，我们的模拟结果也表明，房价上涨并不一定能够带来普惠的结果，房价过快上涨虽然能够带动经济较快增长，但却会对产业结构升级带来很大的阻滞效应，以致产业结构失衡问题更加严重，与此同时，房价过快上涨也会加重全社会范围内的收入和财富分配不均衡，因此，只有与经济社会发展和人民收入水平相适应的房价适度上涨，才能够带来带动经济增长、促进产业结构升级、并最终实现全社会福利最大化的"普惠"结果。

第二节　措施建议

基于本研究的主要结论，我们认为，就短期而言，在当前整体经济低迷、房地产市场波动加剧的形势下，近期对房地产调控的重点是防止房价大幅下跌甚至崩盘对金融及经济带来巨大冲击。可以通过以下措施，逐步化解当前房地产领域剧烈波动的风险：首先，在加强房地产信贷审核的同时，要尽力满足优质企业正常运营和自主性购房者的贷款需求；其次，针对不同的住房供给与需求类型执行差别化利率政策，充分发挥利率杠杆对房地产市场的调节作用；第三，充分利用税收、财政及政府投资等政策来对房地产供给和需求进行调节。

长期而言，构建一个规模和增长速度与经济社会发展相协调、房价与广大百姓可承受能力相匹配的房地产市场是保证我国房地产业健康可持续发展的必然选择。当然，促进房地产市场健康发展的主要措施并不在房地产市场之内，而在房地产市场之外。对应于本研究的主要结论，措施建议的目标也就非常显见：逐步理顺房地产与经济社会发展之间的关系，继续建立和完善能够平抑房地产大起大落、保证房地产可持续发展的政策措施体系，努力改变房产财富差距悬殊的现状。

对于上述长期目标，我们认为，未来可以从以下几个方面入手：

1. 继续深化分税制改革，逐步化解当前税收分配体制中地方经济增长与税收收入不匹配的矛盾

我国 1994 年推行的分税制改革建立了以分税制为基础的分级财政体制框架，实现了从行政性分权向经济性分权的转变，是我国税收体制改革的一大进步。但分税制后也出现了一系列新的矛盾，最为突出的表现之一，就是分税制改革以来，中央和地方的财政收入都在强劲增长，但是地方却出现了明显的财政困难，分税制也由此面临越来越明显的挑战。在刺激经济发展和财政困难的双重压力下，上世纪末我国城镇住房分配体制改革以来，房地产的持续繁荣不但将财政困难窘境中的地方政府解脱出来，而且更是成为不负众望的刺激经济增长利器，而其中非常关键的要素之一就是广受全社会诟病的"土地财政"。

如原财政部财政科学研究所所长贾康所言，土地财政问题的根源在于分税制改革并不彻底，与分税制相应的地方税体系至今仍然没有成型，目前仍然是一种比较"紊乱"的状态，最为典型的如江苏、浙江、福建等明确说省以下不搞分税制，而是分成制，其他地方虽承认是分税制，但实际上也都是五花八门、复杂易变、讨价还价色彩非常浓重的分成制，很难明晰各个层级拿什么税，在税制结构不完善、缺乏财政收入支柱的条件下，不合理土地财政的产生和存在也就非常自然。由此，未来继续深化税收体制改革，进一步优化中央和地方之间的税收分配体制，逐步化解当前税收分配体制中地方经济增长与税收收入不匹配的矛盾，不但是未来税收体制改革的重要内容，也是降低"土地财政"在地方政府财政收入中重要性的必要途径。

2. 改革现有不合理的房地产税费体系，建立以保有环节为主的房地产税费制度

近年来，我国在房地产税费体系方面的改革严重滞后，目前的房地产税费体系仍以房地产开发和流通环节税费为主，以房地产保有环节为主的税费体系尚未建立。在房地产开发、销售过程中，仅税收项目就有契税、营业税、印花税、房产税、所得税、城乡维护建设税、土地使用税等几十种，收费项目的种类就更多，税费负担非常严重，这不但在一定程度上制约了我国房地产市场的供给能力，同时也是导致近年来住房价格过高的一个重要原因。

就房地产交易环节的税费安排而言，由于税负转嫁等因素的广泛存在，目前针对交易环节的税收不但没有起到应有的调节房地产供需和价格的作用，反而在很大程度上阻碍了房地产资产配置效率的提高。不论及其他税种，仅就前两年国家刚刚推行的20%的房产溢价税为例（从二手住房的交易环节征收），这一税种虽然理论上可以抑制房地产投资和投机，但其在执行过程中却很难实现应有的调节功能，在不同的市场行情下，这一税种有着完全不同的作用：在卖方主导的市场中，获得房产增值收益的卖方有能力将税负部分甚至全部转嫁给买方；而在买方主导的市场中，由于卖方转嫁税负的能力较弱，其理性选择更可能是继续持有，或者采取其他避税手段（比如假离婚）进行避税，这不但会降低房地产资产的流通速度，降低资源配置的效率，也会带来一些消极的社会影响。

建立以保有环节为主的房地产税费制度不但可以充分发挥税收杠杆对房地产市场的调节作用，而且可以优化地方税种结构，降低地方政府对土地财政的高度依赖，因此对中国房地产市场的健康发展有着非常重要的意义。

3. 改革对地方政府绩效的考核机制，切断地方政府通过房地产繁荣刺激经济增长由此取得政绩的链条

通过刺激房地产市场的繁荣来拉动地方经济增长、并由此创造政绩，可以说是地方政府官员在特定环境下探索出来的一条"成功之路"。对于地方政府而言，在多年来以 GDP 为主要考核内容的政绩考核压力下，在分税制下地方政府普遍面临财政压力和困难的情况下，以"土地财政"为重要特征的房地产建设不但能够在短时间内改善城市面貌，而且能够增加就业、拉动经济增长并增加财政收入，因此，刺激房地产业的发展自然也就成为地方政府实现其多重目标的"最佳选择"。当然，近年来地方政府通过刺激房地产发展来推动地方经济发展的意图能够实现，完全得益于近年来房地产市场的持续繁荣。2008 年全球金融危机以来，我国经济增长速度明显减缓，房地产市场也迅速转向，房地产投资大幅下滑，土地出让收入锐减，地方政府因此很快陷入了另一种难以自拔的困境。

在经济政策的制定和执行过程中，中央与地方政府之间的博弈关系一直是影响中国经济运行的重要问题，这在房地产市场中表现尤为突出，而这其中的关键问题之一，就是在不合理的地方官员政绩考核机制下，中央对宏观经济的调控意愿与地方政府理性选择行为之间的不一致性。这种与市场经济相抵触的激励机制要靠制度建设去克服，而非简单强调地方官员觉悟高低能够解决。因此，对不合理的政府官员绩效考核机制进行改革，将中央政府的意愿与地方政府的积极性尽可能地统一起来，应作为地方官员政绩考核机制改进的主要目标。就房地产领域的发展而言，逐步淡化对地方 GDP 增长速度的考核，将民生状况的改善尤其是城镇居民住房条件的改善状况作为对地方政府官员政绩考核的重要指标，是转变地方政府行为、从而促进房地产和地方经济健康可持续发展的关键所在。

地方政府行为的转变的另一个关键环节，是对"土地财政"问题的解决。地方政府行为之所以能够左右房地产市场的发展，根源在于其对土地资源的控制。当前国内很多城市出现的住房大量空置、住房供给过剩严重在很大程度上就是地方政府无节制供给土地的结果，这不但造成巨大的土地资源和住房资源浪费，数额庞大的待消化住房存量也成为影响房地产企稳回升最重要的因素。因此，要杜绝地方政府在房地产开发经营中的不合理行为，首先要规范地方政府在城镇建设用地交易中的行为，健全土地尤其是住房建设用地的流转与交易制度，逐步将不受预算约束、地方政府可以随意使用的土地出让资金纳入地方政府的预算管理，逐步消除地方政府对土地财政的高度依赖，切断"房价暴涨—土地出让—土地财政—基础设施—产业拉动—经济增长—地方官员政绩"的不合理链条，最大限度地减少地方政府对房地产市场发展的扭曲。

4. 切实改善中低收入阶层的住房条件，努力改变收入和贫富差距悬殊的现状

目前我国的贫富差距已经到了比较严重的地步，任其发展不但会对经济发展和社会稳定带来很大的隐患，而且也不符合社会主义和谐社会构建的总体目标，因此必须采取措施对其予以调整。

收入和贫富差距的缩小和平抑涉及到经济社会的方方面面，是一项复杂的系统工程，对照本研究的相关结论，我们认为，可以从以下几个方面入手：

（1）继续努力优化收入分配结构。

继续优化劳动报酬机制，在稳步提高知识要素报酬的同时，增加对低收入人群的扶助，尤其是加大对中低收入家庭在教育和就业方面的扶持力度，改革目前教育和就业体系大量存在的不合理问题，建立公平、合理、透明、高效的教育和就业体系，努力改变一些垄断行业以及国有企业内部不合理的薪酬体制，降低高层管理人员不合理的收入和福利待遇，缩小不合理的收入和福利差距。

（2）逐步破除城乡户籍差异。

多年以来，在二元经济发展模式下，农村居民由于在户籍方面与城镇居民的差异，从出生开始直至死亡的整个人生中，在医疗、教育、就业、收入、社保、养老等各个方面始终面临着不公平待遇，这些不公平待遇无疑是造成我国收入和贫富差距悬殊最为重要的原因。近年来在我国快速推进的城镇化大潮中，城乡居民的户籍差异有所淡化，每年都有大量的农民进入城市就业并长期生活在城市，目前常住而非户籍的农村户籍人口已经成为中国各级城镇的主要组成部分，在一些大城市、特大城市，常住而非户籍人口的比重甚至超过户籍人口，与上述现实相对应，我国官方的统计数据也显示了不断提高的城镇化率。农村户籍的城镇常住人口为其所在的城市建设和经济发展等作出了巨大的贡献，但这部分人口在教育、医疗、就业、收入、住房、养老等各方面的待遇与其所在的城镇并无直接关系，户籍差异仍然是常住城镇的农村户籍人口在享受与城镇户籍居民同等待遇问题上不可逾越的界限，这也成为近年来我国收入和贫富差距持续扩大最为重要的原因。

住房在城镇家庭的生活和财富中都占有极其重要的地位，当前住房困难的家庭除具有城镇户籍的中低收入群体外，不具城镇户籍家庭的数量更多，这部分人群住房解决的难度更大，其中的难度主要在于这部分人群在各个方面遭遇着不公平待遇，收入水平极低，财富积累非常有限。在住房购买和相关的金融、税费政策等诸多方面，这部分人群也受到不同程度的歧视，这些不公平待遇在很大程度上限制了这部分人群的住房财富积累能力，成为城镇家庭住房财富悬殊的重要原因之一。

因此，未来继续深化户籍制度改革，彻底消除户籍差异因素导致的不公平待遇，对缩小不合理收入和贫富差距的重大意义不言而喻。

（3）加大对中低收入家庭住房的保障力度，充分发挥税收杠杆对调节住房财富差距的作用。

当前我国城镇家庭住房财富差距悬殊，房价变动对收入和贫富差距影响显著，正如本研究的结论，房价持续上涨加剧了城镇家庭之间的收入分化，特别是最高和最低收入家庭之间的差距将越来越大。然而，收入分配并非是近年来贫富差距日趋严重的主因，房价只升不降令房产溢价利益固化，这种财富重配效应导致财富基尼系数跃升至 0.7 以上。高房价下"马太效应"不断激化的最终结果将是阶层流动性减弱和社会平等性降低，因此，针对贫富分化问题，调控并不能单纯依靠价格管制，而应把重点放在如何建立有效的财富分配纠偏机制上。

对此，一方面，未来应加大对中低收入家庭住房的支持和保障力度，切实解决中低收入家庭的住房困难问题；另一方面，还要充分发挥金融、税收等手段对住房财富差距的调节作用。

纵观全球主要国家的近代房地产发展史，考量和对比房地产非理性繁荣的好处和房地产崩盘所引发的灾难，我们不难得到一个基本的结论：对房地产带动作用的过度发挥必然导致得不偿失的后果。但如何对房地产业进行有效的管理与调控，在充分发挥其对经济增长和社会发展积极作用的同时，最大限度地避免因房地产波动引起的大起大落，仍然是世界各国政策制定者面临的一项艰巨挑战。

中国社会经济的发展和繁荣需要一个健康发展的房地产市场。我国城镇居民的住房体制改革使得我国房地产业发展的活力得到根本性的释放，但房地产业经济发展功能的发挥应该是长期目标和水到渠成的自然结果，房地产发展首先必须服从经济社会发展的大局，如果人为地赋予房地产业过度的经济发展功能，把房地产为支柱产业这一认识推向极端，尽管会出现暂时的繁荣，但非理性繁荣之后的理性回归造成的巨大冲击最终会拖累经的发展并带来一系列严重的社会问题。我们认为，一个以满足大众居住需求为主要目标的房地产业不但不会降低其对国民经济发展带动作用，而且还能够在很大程度上改善房地产业与其他产业之间的前向与后向关联关系，尤其是"软化"房地产业的投入结构，由此促进房地产与其他产业及整个国民经济之间的协调发展。综上，与经济社会可持续发展相匹配的房地产发展模式不但是有效规避房地产大幅波动的各种负面效应、更好地发挥房地产对经济增长和社会发展积极作用的根本前提，也是实现房地产自身健康发展的必然选择。

第三节　存在的不足和未来改进方向

当然，由于相关数据资料的可获得性以及作者研究能力和水平等方面因素的限制，本书的研究还存在一些的不足，具体如下：

在对我国城镇家庭住房财产不平等及住房财产持有影响因素等问题的研究中，由于只有 3 年的数据可用，因此样本过少，而且也比较陈旧，这在一定程度上影响了分析结论的可靠性和代表性，另外，虽然我们较早从家庭而非户主的角度对家庭住房财产积累行为进行了解释，而且也得到许多以往研究未发现的结果，但由于数据资料的限制，我们对一些比较重要因素影响的研究仍然比较粗糙，或是只是间接涉及。比如，对于家庭成员的收入水平对家庭住房财产积累的影响，由于所用数据资料中没有家庭成员的收入数据，我们采取了间接的办法，即通过将所有行业简单区分为高收入行业和一般性收入行业，按照家庭成员所从事的行业类型来表示其收入水平的高低，这一做法虽然有一定合理性，但由于现实中同一行业内部不同个体收入之间也存在普遍较大的差异，因此本研究的做法显然是不够理想的。再比如，同样由于数据资料的限制，本研究未能考察代际转移因素对家庭住房财产积累的影响，而只是检验了父代收入、受教育水平、政治身份等变量与子代住房财产积累之间的关系。以上不足都需要我们在未来的研究中努力改进。

在对房地产价格波动影响的研究中，由于我们构建的 DCGE 模型仅包含了当年房地产与金融部门之间的相互关系，而往年形成的存量住房资产与金融部门之间的联系并未考虑，利率与经济增长、房价变动等之间的关系也未包含，因此，本研究的 DCGE 模型仍有改进之处。其次，模型中对与房价变动相关财产性收益的产生、分配和流动等的界定也存在一些较强的假定，这些假定与现实之间还有一定的距离。最后，本研究对房价波动影响的研究局限于全国，当前我国房地产市场的区域性特征已经非常明显，不同地区和城市房地产发展状况之间的差异很大，而本书的研究并没有考虑这一显著差异。以上都是我们未来进一步改进和努力研究的方向。

参 考 文 献

［1］边燕杰、刘勇利：《社会分层、住房产权与居住质量——对中国"五普"数据的分析》，《社会学研究》，2005 年第 3 期。

［2］陈刚：《腐败与收入不平等——来自中国的经验证据》，《南开经济研究》，2011年第 5 期。

［3］陈抗、A. L. Hillman、顾清扬：《财政集权与地方政府行为变化从援助之手到攫取之手》，《经济学（季刊）》，2002 年第 1 期。

［4］陈良咨、康淑娟：《中国城镇住房制度改革的进程和特点分析》，《中国房地产》，1999 年第 9 期。

［5］陈彦斌、邱哲圣：《高房价如何影响居民储蓄率和财产不平等》，《经济研究》，2011 年第 10 期。

［6］陈彦斌：《中国城乡财富分布的比较分析》，《金融研究》，2008 年第 12 期。

［7］段志刚、李善同：《北京市结构变化的可计算一般均衡模型》，《数量经济与技术经济研究》，2004 年第 12 期。

［8］段忠东：《房地产价格与通货膨胀，产出的关系——理论分析与基于中国数据的实证检验》，《数量经济技术经济研究》，2007 年第 12 期。

［9］范从来、张中锦：《分项收入不平等效应与收入结构的优化》，《金融研究》，2011 年第 1 期。

［10］范金、郑庆武、王艳、袁小慧：《完善人民币汇率形成机制对中国宏观经济影响的情景分析——一般均衡分析》，《管理世界》，2004 年第 7 期。

［11］范金、郑庆武：《中国地区宏观金融社会核算矩阵的编制》，《当代经济科学》，2003 年第 5 期。

［12］方文全：《中国的资本回报率有多高？年份资本视角的宏观数据再估测》，《经

济学（季刊）》，2012 年第 1 期。

[13] 高颖、何建武：《从投入产出乘数到 SAM 乘数的扩展》，《统计研究》，2005 年
第 12 期。

[14] 顾云昌：《住宅产业与经济增长》，《中国房地产》，1998 年第 8 期。

[15] 何晓斌、夏凡：《中国体制转型与城镇居民家庭财富分配差距——一个资产转
换的视角》，《经济研究》，2012 年第 2 期。

[16] 侯瑜：《理解变迁的方法：社会核算矩阵及 CGE 模型》，东北财经大学出版社，
2006 年版。

[17] 胡蓉：《市场化转型下的住房不平等：基于 CGSS2006 调查数据》，《社会》，
2012 年第 1 期。

[18] 胡永远：《人力资本与经济增长：一个协整分析》，《科技管理研究》，2005 年
第 4 期。

[19] 江河：《房地产财富效应对社会财富分配的影响分析》，《特区经济》，2010 年
第 1 期。

[20] 杰弗瑞·A. 杰里、菲利普·J. 瑞尼：《高级微观经济理论》，王根蓓译，上海
财经大学出版社，2002 年版。

[21] 金艳鸣、雷明：《居民收入和部门产出变化的研究——基于中国社会核算矩阵
的乘数分析应用》，《南方经济》，2006 年第 9 期。

[22] 李宾、曾志雄：《中国全要素生产率变动的再测算：1978～2007 年》，《数量经
济技术经济研究》，2009 年第 3 期。

[23] 李善同、翟凡、徐林：《中国加入世界贸易组织对中国经济的影响——动态一
般均衡分析》，《世界经济》，2000 年第 2 期。

[24] 李实、魏众、B·古斯塔夫森：《中国城镇居民的财产分配》，《经济研究》，
2000 年第 3 期。

[25] 李实、魏众、丁赛：《中国居民财产分布不均等及其原因的经验分析》，《经济
研究》，2005 年第 6 期。

[26] 李实、赵人伟：《中国居民收入分配再研究》，《经济研究》，1999 年第 4 期。

[27] 李嫣：《我国城镇居民住房制度：历史变迁及改进对策》，《中州学刊》，2007
年第 5 期。

[28] 李亚培：《房地产价格与通货膨胀：基于我国的实证研究》，《海南金融》，2007
年第 4 期。

[29] 梁云芳、高铁梅、贺书平：《房地产市场与国民经济协调发展的实证分析》，
《中国社会科学》，2006 年第 3 期。

［30］梁云芳、张同斌、高玲玲：《房地产资本税对房地产业及国民经济影响的实证研究》，《统计研究》，2013 年第 5 期。

［31］梁运文、霍震、刘凯：《中国城乡居民财产分布的实证研究》，《经济研究》，2010 年第 10 期。

［32］刘和旺、王宇锋：《政治资本的收益随市场化进程增加还是减少》，《经济学（季刊）》，2010 年第 3 期。

［33］刘水杏：《房地产业与其相关产业关联度的国际比较》，《财贸经济》，2004 年第 4 期。

［34］刘维奇：《城市化过程中的住房价格与财富分配效应》，《房地产市场》，2011 年第 3 期（下半月刊）。

［35］龙奋杰、沈悦、刘洪玉、郑思齐、董黎明：《住宅市场与城市经济互动机理研究综述与展望》，《城市问题》，2006 年第 1 期。

［36］罗楚亮、李实、赵人伟：《我国居民的财产分布及其国际比较》，《经济学家》，2009 年第 9 期。

［37］罗楚亮：《收入增长、收入波动与城镇居民财产积累》，《统计研究》，2012 年第 2 期。

［38］骆永民、伍文中：《房产税改革与房价变动的宏观经济效应——基于 DSGE 模型的数值模拟分析》，《金融研究》，2012 年第 5 期。

［39］马勇、杨栋、陈雨露：《信贷扩张、监管错配与金融危机：跨国实证》，《经济研究》，2009 年第 12 期。

［40］宁光杰：《住房改革、房价上涨与居民收入差距扩大》，《当代经济科学》，2009 年第 5 期。

［41］皮舜、武康平：《房地产市场发展和经济增长间的因果关系——对我国的实证分析》，《管理评论》，2004 年第 3 期。

［42］瞿晶、姚先国：《城镇居民收入不平等分解研究》，《统计研究》，2011 年第 11 期。

［43］权衡：《中美收入不平等的效应比较及其理论含义》，《世界经济研究》，2004 年第 8 期。

［44］斯塔尔（Starr，R. M.）：《一般均衡理论》，鲁昌、许永国译，上海财经大学出版社，2003 年版。

［45］谭政勋、陈铭：《房价波动与金融危机的国际经验证据：抵押效应还是偏离效应》，《世界经济》，2012 年第 3 期。

［46］谭政勋、王聪：《中国信贷扩张，房价波动的金融稳定效应研究——动态随机

一般均衡模型视角》，《金融研究》，2011 年第 8 期。

[47] 汤浩、刘旦：《房地产价格与城镇居民收入差距的经验分析》，《西安财经学院学报》，2007 年第 11 期。

[48] 唐志军、徐会军、巴曙松：《中国房地产市场波动对宏观经济波动的影响研究》，《统计研究》，2010 年第 1 期。

[49] 汪燕敏、吴治民：《在 EXCEL 中用 VBA 计算基尼系数》，《统计与决策》，2006 年第 3 期（下）。

[50] 王弟海：《收入和财富不平等：动态视角》，格致出版社、上海三联书店、上海人民出版社，2009 年版。

[51] 王国军、刘水杏：《房地产业对相关产业的带动效应研究》，《经济研究》，2004 年第 8 期。

[52] 王韬、周建军：《我国进口关税减让的宏观经济效应——可计算一般均衡模型分析》，《系统工程》，2004 年第 2 期。

[53] 王文剑、覃成林：《地方政府行为与财政分权增长效应的地区性差异》，《管理世界》，2008 年第 1 期。

[54] 王小鲁、樊纲、刘鹏：《中国经济增长方式转换和增长可持续性》，《经济研究》，2009 年第 1 期。

[55] 王小鲁、樊纲：《中国经济增长的可持续性——跨世纪的回顾与展望》，经济科学出版社，2000。

[56] 魏巍贤、原鹏飞：《房地产业关联关系与地位度量分析——以北京、上海、厦门为例》，《系统工程理论与实践》，2009 年第 5 期。

[57] 魏巍贤：《人民币升值的宏观经济影响评价》，《经济研究》，2006 年第 4 期。

[58] 吴海英：《房地产投资增速对钢铁投资和总投资增速的影响》，《世界经济》，2007 年第 3 期。

[59] 吴延瑞：《生产率对中国经济增长的贡献：新的估计》，《经济学季刊》，2008 年第 2 期。

[60] 西南财经大学、中国人民银行：《中国家庭金融调查报告》，2012 年 5 月 15 日，http：//chfs. swufe. edu. cn/NewsDetails. aspx？currpage = News. aspx&pid = xwzx&sid = xwdt&id = 154.

[61] 新华网，《房地产畸形暴利威胁社会和谐》，2006 年 10 月 15 日，http：//news. xinhuanet. com/house/2006 – 10/13/content_5198955. htm.

[62] 原鹏飞、魏巍贤：《房地产价格波动的宏观经济及部门经济影响——基于可计算一般均衡模型的定量分析》，《数量经济技术经济研究》，2010 年第 5 期。

［63］张军、施少华：《中国经济全要素生产率变动：1952～1998》，《世界经济文汇》，2003 年第 2 期。

［64］张晓晶、孙涛：《中国房地产周期与金融稳定》，《经济研究》，2006 年第 1 期。

［65］赵进文、高辉：资产价格波动对中国货币政策的影响——基于 1994～2006 年季度数据的实证分析》，《中国社会科学》，2009 年第 2 期。

［66］赵龙节、闫永涛：《中美房地产业投入产出比较分析》，《经济社会体制比较》，2007 年第 2 期。

［67］赵人伟：《我国居民收入分配和财产分布问题分析》，《当代财经》，2007 年第 7 期。

［68］赵人伟：《正确处理财产收入与劳动收入的关系》，《中国改革》，2008 年第 1 期。

［69］郑京海、胡鞍钢、Arne Bigsten：《中国的经济增长能否持续？一个生产率视角》，《经济学（季刊）》，2008 年第 2 期。

［70］郑思齐、刘洪玉：《住宅产业发展与国民经济增长》，《建筑经济》，2002 年第 10 期。

［71］郑思齐：《住房投资与国民经济的协调发展》，《城市开发》，2003 年第 10 期。

［72］Alan G. Isaac（2007），"Inheriting inequality：institutional influences on the distribution of wealth"，*Journal of Post Keynesian Economics*，30：187 – 203.

［73］Alba，R. D. & J. R. Logan（1992），"Assimilation and Stratification in the Homeownership Patterns of Racial and Ethnic Groups"，*International Migration Review*，26：1314 – 1341.

［74］Andrew Henley（1998），"Changes in the distribution of housing wealth in Great Britain，1985 – 91"，*Economica*，65（259）：363 – 380.

［75］Angle J.（1986），"The surplus theory of social stratification and the size distribution of personal wealth"，*Social Forces*，65（265）：293 – 326.

［76］Angle J.（1993），"Deriving the size distribution of personal wealth from the rich get richer，the poor get poorer'"，*Journal of Mathematical Sociology*，18（1）：27 – 46.

［77］Arrow，K. J. & G. Debreu（1954），"Existence of Equilibrium for A Competitive Economy"，*Econometrica*，22：265 – 290.

［78］Atkinson，A.（1970），"On the Measurement of Inequality"，*Journal of Economic Theory*，2（4）：224 – 263.

［79］Bai，J.（1997），"Estimating multiple breaks one at a time"，*Econometric Theory*，13（3）：315 – 352.

[80] Bian, Y. & Logan J. R. (1996), "Market transition and the persistence of power: the changing stratification system in urban China", *American Sociological Review*, 61: 739 – 758.

[81] Bisping, Timothy & Patron, Hilde (2008), "Residential investment and business cycles in an open economy: a generalised impulse response approach", *Journal of Real Estate Finance and Economics*, 37 (1): 33 – 49.

[82] Blinder, A. S. (1973), "A Model of Inherited Wealth", *Quarterly Journal of Economics*, 87 (4): 608 – 626.

[83] Brooks, Chris, Tsocalos, Sotiris & Lee, Stephen (2000), "The cyclical relations between traded property stock prices and aggregate time series", *Journal of Property Investment and Finance*, 18 (6): 540 – 564.

[84] Buckley R. M. & Gurenko E. N. (1997), "Housing and Income Distribution in Russia: Zhivago's Legacy", *The World Bank Research Observer*, 12 (1): 19 – 32.

[85] Burns, Leland S. & Grebler, Leo (1977), "The housing of nations: Analysis and policy in a comparative framework", Wiley (New York).

[86] Carroll, C. D., K. E. Dynan, & S. S. Krane (2003), "Unemployment Risk and Precautionary Wealth: Evidence from Households' Balance Sheets", *Review of Economics and Statistics*, 85 (3), 586 – 604.

[87] Case K. E., Glaeser E. L. & Parker J. A. (2000), "Real Estate and the Macroeconomy", *Brookings Papers on Economic Activity*, 2: 119 – 162.

[88] Castañeda, A., Díaz-Giménez, J., & Ríos-Rull, J.-V. (2003), "Accounting for the U.S. Earnings and Wealth Inequality", *Journal of Political Economy*, 111 (4): 818 – 857.

[89] Charles Leung (2004), "Macroeconomics and housing: a review of the literature", *Journal of Housing Economics*, 13 (4): 249 – 267.

[90] Chaudhry, Myer F. C. & Webb J. R. (1999), "Stationarity and Cointegration in Systems with Real Estate and Financial Assets", *The Journal of Real Estate Finance and Economics*, 18 (3): 339 – 349.

[91] Chow, G. C. (1993), "Capital Formation and Economic Growth in China", *Quarterly Journal of Economics*, 8: 809 – 842.

[92] Coulson, N. E. (1999), "Why Are Hispanic and Asian-American Homeownership Rates So Low? Immigration and Other Factors", *Journal of Urban Economics*, 45: 209 – 227.

[93] Dwyer R. E. (2007), "Expanding Homes and Increasing Inequalities:

U. S. Housing Development and the Residential Segregation of the Affluent", *Social Problems*, 54 (1): 23 – 46.

[94] Edward N. Wolff & Marcia Marley (1989), "Long term trends in U. S. wealth inequality: methodological issues and results", In The Measurement of Saving, Investment, and Wealth, University of Chicago Press.

[95] Euijune & Jaeuk Kim Ju (2003), "Growth and Distributional Impacts of Urban Housing Supply: An Application of Urban Land Use and A CGE Model for Seoul", *Review of Urban & Regional Development Studies*, 15 (1): 66 – 81.

[96] Fisher I. (1933), "The debt-deflation theory of great depressions", *Econometrica*, 1 (4): 337 – 357.

[97] Florencia Torche & Seymour Spilerman (2009), "Intergenerational Influences of Wealth in Mexico", *Latin American Research Review*, 44 (3): 75 – 101.

[98] Gale, W. G. & Scholz, J. K. (1994), "Intergenerational Transfers and the Accumulation of Wealth", *Journal of Economic Perspectives*, 8 (4): 145 – 160.

[99] Pyatt G. (1976), "On the interpretation and disaggregation of Gini coefficients", *Economic Journal*, 86: 243 – 255.

[100] Green R. (1997), "Follow the Leader: How Changes in Residential and Non-residential Investment Predict Changes in GDP", *Realestate Economics*, 4 (25): 53 – 70.

[101] Lofgren H. (1999), "Exercises in General Equilibrium Modeling Using GAMS", *International Food Policy Research Institute*, working paper.

[102] Hansen B. E (1996), "Inference when a nuisance parameter is not identified under the null hypothesis", *Econometrica*, 64: 413 – 430.

[103] Hansen B. E. (1999), "Threshold Effects in Non-dynamic Panels: Estimation, Testing and Inference", *Journal of Econometrics*, 93 (2): 345 – 368.

[104] Holloway T. M. (1991), "The role of homeownership and home price appreciation in the accumulation and distribution of household sector wealth", *Business economics*, 26 (2): 38 – 44.

[105] Hon-Chung Hui (2013), "Housing Price Cycles and Aggregate Business Cycles: Stylised Facts in the Case of Malaysia", *The Journal of Developing Areas*, 47 (1): 149 – 169.

[106] Huggett, Mark & Ventura, Gustavo (2000), "Understanding why high income households save more than low income households", *Journal of Monetary Economics*, 45 (2): 361 – 397.

[107] James P. Ziliak (2003), "Income Transfers and Assets of the Poor", *The Review of*

Economics and Statistics, 85 (1): 63 – 76.

[108] Jin, Yi & Zeng, Zhixiong (2003), "Residential investment and house prices in a multi-sector monetary business cycle model", *Journal of Housing Economics*, 13: 268 – 286.

[109] Kahn R. F. (1931), "The Relation of Home Investment to Unemployment", *The Economic Journal*, 41 (162): 173 – 198.

[110] Kennickell A. B. & Starr-McCluer M. (1997), "Household saving and portfolio change: evidence from the 1983 – 89 SCF Panel", *Review of Income and Wealth*, 43 (4): 381 – 399.

[111] Keuning, S. J. (1991), "Proposal for a social accounting matrix which fits into the next system of national accounts", *Economic Systems Research*, 3 (3): 233 – 248.

[112] King, M. A. & Dicks-Mireaux, L-D. L. (1982), "Asset Holdings and the Life Cycle", *Economic Journal*, 92: 247 – 267.

[113] Kotlikoff, Laurence J. & Summers, Lawrence H. (1981), "The Role of Intergenerational Transfers in Aggregate Capital Accumulation", *Journal of Political Economy*, 89 (4): 706 – 32.

[114] Krivo, L. J. (1995), "Immigrant Characteristics and Hispanic-Anglo Housing Inequality", *Demography*, 32: 599 – 615.

[115] Land, K. & S. Russell (1996), "Wealth Accumulation Across the Adult Life Course: Stability and Change in Sociodemographic Covariate Structures of Net Worth Data in the Survey of Income and Program Participation 1984 – 1991", *Social Science Research*, 25: 423 – 462.

[116] Lauren J. Krivo & Robert L. Kaufman (2004), "Housing and Wealth Inequality: Racial-Ethnic Differences in Home Equity in the United States", *Demography*, 41 (3): 585 – 605.

[117] Leamer, Edward E. (2007), "Housing IS the Business Cycle", *NBER Working Papers*, 13428.

[118] Lewin-Epstein N. & Semyonov M. (2000), "Migration, Ethnicity, and Inequality: Homeownership in Israel", *Social Problems*, 47 (3): 425 – 444.

[119] Lewin-Epstein, N., Y. Elmelech & M. Semyonov (1997), "Ethnic Inequality in Home Ownership and the Value of Housing: The Case of Immigrants in Israel", *Social Forces*, 75: 1439 – 1462.

[120] Lisa A. Keister & Stephanie Moller (2000), "Wealth inequality in the United States", *Annual Review of Sociology*, 26: 63 – 81.

［121］Lofgren H. ， Harris R. L. & Robinson S. （2002），"A Standard Computable General Equilibrium （CGE） Model in GAMS"，*International Food Policy Research Institute*，Washington D. C.

［122］Logan，John R. & Yanjie Bian （1993），"Access to Community Resources in a Chinese City"，*Social Forces*，72：555 – 576.

［123］Lorenz，M. （1905），"Methods of Measuring Concent ration of Wealth"，*Journal of the American Statistical Association*，9：209 – 219.

［124］Lucas，R. E. （1988），"On the Mechanics of Economic Development"，*Journal of Monetary Economics*，22：3 – 42.

［125］Mark Huggett （1996），"Wealth distribution in life-cycle economies"，*Journal of Monetary Economics*，38 （3）：469 – 494.

［126］McKenzie，L. W. （1959），"On the Existence of General Equilibrium for A Competitive Market"，*Econometrica*，27：54 – 71.

［127］Menchik，P. L. （1979），"Inter-Generational Transmission of Inequality：An Empirical Study of Wealth Mobility"，*Economica*，46 （184）：349 – 362.

［128］Meng，Xin （2007），"Wealth Accumulation and Distribution in Urban China"，*Economic Development and Culture Change*，55 （4）：761 – 791.

［129］Minsky H. （1982），"The Financial Fragility Hypothesis：Capitalist Process and the Behavior of the Economy，in Financial Crisis"，Charles P. Kindlberger and Jean-Pierre Laffargue eds. ，Cambridge University Press.

［130］Mirer，T. W. （1979），"The Wealth Age Relation Among the Aged"，*American Economic Review*，69 （3）：435 – 443.

［131］Modigliani，Franco （1988），"The Role of Intergenerational Transfers and Life Cycle Saving in the Accumulation of Wealth"，*Journal of Economic Perspectives*，2 （2）：15 – 40.

［132］Morris A. Davis & Jonathan Heathcote （2005），"Housing and the Business Cycle"，*International Economic Review*，46 （3）：751 – 784.

［133］N. Edward Coulson & Myeong-Soo Kim （2000），"Residential Investment，Non-residential Investment and GDP"，*Real Estate Economics*，28 （2）：233 – 247.

［134］Nee，V. （1989），"A theory of market transition：from redistribution to markets in state socialism"，*American Sociological Review*，54 （5）：663 – 681.

［135］OECD （2005），"OECD Economic Surveys of China".

［136］Paulo M. B. Brito P. & Alfrdo M. Pereira （2002），"Housing and Endogenous Long-term Growth"，*Journal of Urban Economics*，51 （2）：246 – 271.

[137] Peter J. Lambert & J. Richard Aronson (1993), "Inequality decomposition analysis and the Gini coefficient revisited", *Economic Journal*, 103: 1221 – 1227.

[138] Pholphirul, Piriya & Rukumnuaykit, Pungpond (2009), "The real estate cycle and real business cycle: evidence from Thailand", *Pacific Rim Property Research Journal*, 15 (2): 145 – 165.

[139] Quardini, V., & Ríos-Rull, J. -V (1997), "Understanding the U. S. Distribution of Wealth", *Federal Reserve Bank of Minneapolis Quarterly Review*, 21 (2): 22 – 36.

[140] R. F. Kahn (1931), "The Relation of Home Investment to Unemployment", *The Economic Journal*, 41 (162): 173 – 198.

[141] Robert J. Lampman (1962), "The share of top wealth holders in national wealth 1922 – 56", Princeton, Princeton University Press.

[142] Robert M. Buckley & Eugene N. Gurenko (1997), "Housing and Income Distribution in Russia: Zhivago's Legacy", *The World Bank Research Observer*, 12 (1): 19 – 32.

[143] Robert Schoen & Yen-hsin Alice Cheng (2006), "Partner Choice and the Differential Retreat From Marriage", *Journal of Marriage and Family*, 68 (1): 1 – 10.

[144] Rona-Tas, A. (1994), "The first shall be the last? Entrepreneurship and Communist cadres in the transition from state socialism", *American Journal of Sociology*, 100: 40 – 49.

[145] Rosenbaum, E. (1996), "Racial/Ethnic Differences in Home Ownership and Housing Quality, 1991", *Social Problems*, 43: 201 – 224.

[146] Sherman Robinson & Moataz El-Said (2000), "Gams Code for Estimating a Social Accounting Matrix (SAM) Using Cross Entropy (CE) Methods ", *TMD discussion paper*, No. 64.

[147] Smith JD. (1987), "Recent trends in the distribution of wealth in the U. S. : data, research problems, and prospects. In International Comparisons of the Distribution of Household Wealth", ed. EN Wolff, 72 – 90. New York: OxfordUniversity Press.

[148] Stevenson S. (2000), "A Long-Term Analysis of Regional Housing Markets and Inflation", *Journal of Housing Economics*, 9 (1 – 2): 24 – 39.

[149] Szelenyi, I. (1987), "Housing inequalities and occupational segregation in state socialist cities", *International Journal of Urban and Regional Research*, 11 (1): 1 – 8.

[150] Theil, H. (1967), "Economics and Information Theory", Amsterdam: North-Holland Publishing Co. .

[151] Wang, Peijie (2000), "The property and economy in the short-term and long-run", *Applied Economics*, 33: 327 – 337.

［152］Wang, Y. & Y. Yao (2003), " Sources of China's Economic Growth 1952 – 1999: Incorporating Human Capital Accumulation", *China Economic Review*, 14 (1): 32 – 52.

［153］White, B. B. (1978), "Empirical Tests of the Life Cycle Hypothesis", *American Economic Review*, 68 (4): 547 – 560.

［154］Winnick A. (1989), "Toward Two Societies: The Changing Distributions of Income and Wealth in the U. S. Since 1960", New York: Praeger.

［155］Wolff Edward (1998), " Recent Trends in the Size Distribution of Household Wealth", *Journal of Economic Perspectives*, 12 (3): 131 – 150.

［156］Wolff, E. N. (1987), "Estimates of Household Wealth Inequality in the U. S., 1962 – 1983", *Review of Income and Wealth*, 33 (3): 231 – 256.

［157］Wolff, Edward N. (1992), "Changing Inequality of Wealth", *American Economic Review*, 82 (2): 552 – 558.

［158］World Bank (1997), "China 2020: Development Challenges in the New Century", Washington, DC, the World Bank.

［159］Yates J. (1994), "Imputed Rent and Income Distribution", *Review of Income and Wealth*, 40 (1): 43 – 66.

［160］Young, A. (2003), "Gold into Base Metals: Productivity Growth in the People's Republic of China during the Reform Period", *Journal of Political Economy*, 111 (6): 1220 – 1261.

［161］Yunker, J. A. (1998 – 1999), "Inheritance and Chance as Determinants of Capital Wealth Inequality", *Journal of Post Keynesian Economics*, 21 (2): 227 – 258.

［162］Zhu Xiao Di (2005), "Does Housing Wealth Contribute to or Temper the Widening Wealth Gap in America?", *Housing Policy Debate*, 16 (2): 281 – 296.